KB159561

신문 읽기의 혁명

제3판

신문 읽기의 혁명

–편집을 읽어야 기사가 보인다

1997년 2월 13일 초판 1쇄
2007년 2월 13일 2판 1쇄
2017년 2월 13일 3판 1쇄
2020년 11월 25일 3판 2쇄

지은이 | 손석춘

편 집 | 김희중, 이민재
디자인 | 가필드
제 작 | 영신사

펴낸이 | 장의덕
펴낸곳 | 도서출판 개마고원
등 록 | 1989년 9월 4일 제2-877호
주 소 | 경기도 고양시 일산동구 호수로 662 삼성라끄빌 1018호
전 화 | (031) 907-1012, 1018
팩 스 | (031) 907-1044
이메일 | webmaster@kaema.co.kr

ISBN 978-89-5769-381-0 (03300)
ⓒ 손석춘, 2017. Printed in Korea

- 책값은 뒤표지에 표기되어 있습니다.
- 파본은 구입하신 서점에서 교환해 드립니다.

신문 읽기의 혁명

손석춘
지음

편집을
읽어야
기사가
보인다

개마고원

『신문 읽기의 혁명』의 '혁명'

"신문을 읽지 않으면서부터 실로 마음이 편해지고 기분이 좋다. 사람들은 남이 하는 일들에만 관심을 갖고 자신의 중요한 의무는 아주 쉽게 잊는다."

『젊은 베르테르의 슬픔』과 『파우스트』로 잘 알려진 대문호 괴테가 신문 읽기에 대해 남긴 혹평이다. 신문 읽는 것을 혐오한 작가는 비단 괴테만이 아니다. 숲속 생활을 찬미한 소로우 또한 "신문을 읽지 않는 사람들은 행복하다. 왜냐하면 그들은 자연에 눈을 돌려 그것을 통해서 신을 보기 때문이다"라는 말을 남겼다.

신문 읽기를 다룬 이 책의 머리에서 신문을 읽지 말라고 권하는 작가들의 말을 소개하는 까닭은 물론 의도적이다. 미리 밝혀두거니와, 맹목적인 신문 읽기는 차라리 신문을 읽지 않느니만 못하다는 것이 저자의 일관된 믿음이다.

만일 독자들이 그저 습관으로 신문을 읽고 있다면, 그리고 매일매일 아침마다 잠에서 깨어난 자신의 맑은 영혼 깊숙이 신문 활자를 무비판적으로 받아들인다면, 이는 비단 대문호들의 지적이 아니더라도 비극임에 틀림없다.

그러나 현대사회에서 신문이 갖는 중요성은 괴테나 소로우가 살았던 19세기의 그것과 질적으로 다르다. 현대인의 삶은 이제 지구 곳곳에서 일어나는 사건들과 밀접한 관련이 있으며, 그 변화무쌍한 환경과 우리 삶을 연결해주는 가교가 다름 아닌 신문인 까닭이다. 오늘날 그 누구도 신문으로부터 자유로울 수 없다 해도 지나친 말은 아니다. 하물며 21세기는 정보화 시대라 하지 않는가. 특히 신문은 모든 정보매체 가운데 가장 기본적이고 고전적인 미디어다. 따라서 문제는 신문을 읽느냐 읽지 않느냐에 있지 않다. 신문을 어떻게 읽느냐가 문제인 것이다.

무릇 삶이란 끊임없는 선택과 결정의 연속이다. 중요한 것이든 사소한 것이든 간에, 우리는 언제나 무엇인가를 선택하며 살아간다. 그리고 많은 사람들이 그러한 결정을 자신의 판단에 의한 것으로 여긴다. 그러나 천만의 말씀이다. 차분히 한번 돌이켜보라. 자신의 선택과 결정이 과연 얼마나 독자적인 것이었나를. 혹 그 판단 자료의 대부분이 언론에 의해 주어졌거나 영향받은 것은 아니었던가. 신문보도에 의해 비로소 사회적 사실들을 알게 되고, 바로 그러한 '사실들'에 둘러싸여 살아가고 있는 엄연한 현실을 우리는 너무 쉽게 망각하는 것은 아닌가.

이 책은 신문에 대한 일대 계몽이 절실할 만큼 신문 독자 대다수가 신문에 대해 무지할뿐더러 신문을 잘못 읽고 있다는 문제의식에서 출발했다. 신문 독자 대부분이 신문의 사회적 지배력이나 신문 제작 구조에 대한 이해 정도가 초보적인 수준을 넘지 못하고 있기 때문이다. 그렇다고 이 책이 단순한 '행간 읽기' 따위에 주목하고 있는 것은 아니다. 오히려 이 책의 목적은 간단명쾌하다. 올바른 신문 읽기란 곧 '기사 읽기'를 넘어선 '편집 보기'에 있음을 보여주는 것이 그것이다. 신문 지면이 단순한 평면이 아니라 살아 움직이는 입체의 세계임을 꿰뚫는 '편집 보기'가 무엇인지를 이해하게 되면, 아마도 독자 여러분은 신문에 대해 막연히 가지고 있었던 생각의 상당 부분이 깨져 나가는 것을 경험할 것이다.

또한, 신문을 올바로 이해하기 위해서는 신문이라는 사회적 현상을 구성하는 3자의 관계를 제대로 알아야 한다. 즉, 생산자인 신문사와 그 생산물인 신문 그리고 생산물을 소비하는 신문독자의 세 축을 동시에 담아낼 수 있는 눈이 열려야 비로소 올바른 신문 이해가 가능하다. 그러나 일반 독자를 대상으로 한 기존 신문 관련서들의 문제의식 속에는 상대적으로 신문독자들이 소외되어온 측면이 없지 않았다. 대개는 신문과 신문사의 양자 관계, 그리고 '기사 잘 이해하기' 정도의 문제의식을 바탕으로 하여 써졌던 것이다. 때문에 몇 가지 단편적 지식을 얻는 것 이외에는 독자들의 '총체적인 신문 읽기'에 별로 도움이 되지 못했던 것도 사실이다. 그러나 이 책에서는 시종일관 신문 독자의 관점을 포괄해내는 가운데 신문이라는 사회적 현상을 바라보려고 노력했다. 언론의 보이지 않는 장막에 갇힌 삶이 아니라 언론의 장막으로부터 해방된 삶으로서의 '신문 읽기'를 제안했다. 그랬다. 이 책은 책상 앞에서 저자의 한낱 상상력에 의존하여 써지지 않았다. 신문기자로서의 체험과 대학 총학생회나 사회단체들이 주최한 강연장에서 마주친 뜨거운 관심과 질문들을 바탕으로 삼았기에 독자들은 이 책에서 관념적인 논리 전개가 아니라 실천 속에서 우러나온 생생한 현장감을 느끼리라 믿는다.

『신문 읽기의 혁명』이 처음 태어난 날은 1997년 2월 13일이었다. 한국 사회에 근대 신문이 등장한 지 100년을 맞아 신문 안팎에 축제의 분위기마저 감돌던 때였다. 그럴 만도 했다. 그 시절 신문은 노태우에 이어 김영삼정권이 출범하는 데 결정적인 구실을 함으로써 '신문권력'으로 터 잡고 있었다. 공공연하게 신문 발행인이 '밤의 대통령'을 자처하기도 했다.

신문이 스스로 권력화함으로써 한국 사회에서 여론은 크게 뒤틀렸다. 그럼에도 독자들의 인식은 신문에 더없이 관대했다. 독자들의 신문 읽기에 '혁명'이 절실하다는 판단이 이 책을 낸 가장 큰 이유였다. 독자들의 반응은 예상을 넘어섰다. '청소년 필독서'로 자리 잡았는가 하면 여러 대학 신문방송학과에서 교재로 채택하기도 했다. 2003년 개정판(제2판)을 내고 2009년에는 『신문 읽기의 혁명 2』를 출간했다. 1권의 주제인 '편집을 읽어야 기사가 보인다'를 바탕으로, 2권은 '경제를 읽어야 정치가 보인다'를 제시했다.

1권을 낸 지 꼭 스무 돌을 맞는 날에 제3판을 내는 감회가 새롭다. '스테디셀러'로 독자들로부터 과분한 사랑을 받아왔기에 더 그렇다. 첫 개정판을 내면서도 그랬듯이 제3판에서도 초판에 예시된 사례들 가운데 사료적 가치가 있는 대목은 살렸다. 20세기의 시대적 궤적을 담는 것이 오히려 언론사言論史적으로 의미 있는 일이라는 생각에 지금도 변함이 없다. 첫 개정판의 내용 가운데 언론사적 가치가 있는 자료와 단순히 예시적 가치밖에 없는 자료들을 구분하고 후자에 한해 대폭 손을 봤다.

젊은 벗들이 『신문 읽기의 혁명』을 즐겨 읽으면서 '신문 읽기 혁명'은 1990년대 후반 이후 하나의 문화가 되었다. 대학가만이 아니다. '신문 바로보기'의 주제는 시민사회와 노동사회로 확산되어갔고 텔레비전의 고정 프로그램으로 정착하기도 했다. 신문개혁운동도 타올라 마른 광야를 태우듯이 전국 곳곳으로 번져갔다. 우리 사회의 신문 읽기 수준도 크게 높아졌다. 부끄럽지만 이 책이 어느 정도 결실을 맺은 것으로 감히 자부하고 싶다. 그러나 『신문 읽기의 혁명』이 일궈야 할 시대적 과제는 온전히 사라지지 않았다.

무릇 모든 탄생에는 죽음이 있게 마련이다. 『신문 읽기의 혁명』이 그 소임을 다해 아무도 이 책을 읽을 필요가 없는 시대가 오면 그때 이 책은 서슴없이 폐기될 터이다. 그날이 오기를, 하여 『신문 읽기의 혁명』이 안식할 수 있기를 독자와 더불어 기원하고 싶다.

2017년 2월

손석춘

당신은 성숙한 독자인가?

당신은 과연 신문을 온전히 읽고 있는가?

만일 당신이 새로운 사실들을 보도하는 기사들의 집합쯤으로 신문을 인식하고 있다면 서슴지 않고 단언할 수 있다. 당신은 신문을 전혀 읽을 줄 모르는 미숙한 독자라고. 혹 어느 신문 독자가 기사 사이사이에 숨어 있는 행간行間의 의미를 읽어내는 안목을 자부한다고 해서 스스로 성숙한 독자라고 여긴다면, 그것 또한 오산일 뿐이다.

무엇보다 '신문 바로 읽기'의 핵심은 신문이 '살아 움직이는 생물'임을 꿰뚫어볼 수 있어야 한다는 데 있다. 단순히 신문 활자活字의 문자새김이 '살아 있는 글자'라거나, 살아 펄펄 뛰는 생선처럼 싱싱한 최근의 뉴스를 담고 있는 것이 신문이라는 따위의 차원에서 하는 이야기가 아니다.

그 첫째 의미는, 신문이 우리의 일상생활 구석구석에서 개개인의 삶과 긴밀하게 얽혀 생동하고 있다는 것이다. 오늘날 신문은 우리들의 삶에서 의식주에 버금가는 자리를 차지하고 있다. 달동네의 썰렁한 안방에서 청와대의 대통령 집무실에 이르기까지 어김없이 신문은 자리하고 있다. 아침에 신문을 들춰보며 주요 사회적 문제들이 무엇인가를 파악하는 것이 대다수 사람들에게 일과가 되었거니와, 특정 사회 현실에 대한 자신의 견해나 판단조차도 알게 모르게 신문의 영향을 받기 십상이다. 현대인의 신문 의존도는 어쩌면 '의존'이 아니라 '종속'이라는 표현에 더 가까울지도 모른다.

예컨대, 주요 신문들이 그날의 1면 머리기사로 무엇을 다루는가는 한 사회가 전개돼 가는 데 우리의 짐작 이상으로 중요한 구실을 한다. 여론을 따라 1면 머리기사가 정해지기도 하지만 신문의 머리기사에 따라 여론이 흘러가는 경우가 더 많다는 사실에서 그 의미를 실감할 수 있을 터이다. 물론 이는 대중매체 자체가 쌍방이 아닌 일방적 커뮤니케이션이라는 점 때문이기도 하지만, 일반 대중들이 언론 생산에 아무런 영향을 끼치지 못함으로써 언론이 설정한 사회적 의제에 수동적으로 끌려갈 수밖에 없는 탓이기도 하다.

이러함에도 대다수 사람들의 신문에 대한 이해가 거의 '백지 상태'에 가깝다는 것은 놀랄 만한 일이다. 가령 아직도 많은 사람들이 신문 보는 행위를 단순히 '기사 읽기'로만 여기고 있거나, 신문기사 내용을 무조건 고정불변의 객관적 사실로 생각한다. 과연 신문이 전달하고 있는 정보를 그대로 믿어도 좋은 것일까라는 원초적 질문은 전혀 제기되지 않는다.

이는 신문을 살아 움직이는 생물로 보지 않고 한낱 죽어 있는 대상으로 여긴다는 것을 의미한다. 여기로부터 '신문 잘못 읽기'는 시작된다. 신문이 제시하는 사고의 틀, 삶의 테두리 속에 자신도 모르는 사이에 갇히게 되는 것이다. 이 굴레를 꿰뚫어보지 않고는 '신문 바로 읽기'란 요원한 일이다.

둘째, 신문이 살아 있는 생물이라는 말을 신문 지면의 차원에서 인식할 수 있어야 한다. 신문 지면紙面은 말 그대로 '신문의 얼굴'이다. 모든 얼굴이 그러하듯, 지면 역시 살아 움직이는 무수한 표정을 담고 있다. 신문 지면이 단순한 평면이 아니라 입체의 세계임을 알지 못하면, 그 얼굴이 지닌 풍부한 표정을 보지 못하게 된다.

평면에서 입체를 볼 수 있는 눈, 그 다채로운 표정을 읽어내는 눈이 바로 '편집적 안목'이다. 편집적 안목을 얻는 일은 어떤 기사가 1면 머리기사로 올라가고 어떤 기사는 한낱 단신으로 추락하는가, 정치면·사회면·경제면 따위의 지면 분류에는 어떤 배경이 있으며 그 한계는 무엇인가, 각 지면의 편집은 어떤 원칙 아래 이루어지는가 등등의 편집·제작 구조를 이해하는 것으로부터 시작된다. 더 나아가, 신문 독자 스스로 기자들에 의해 편집된 지면들을 어떻게 해체하고 재편집해 읽어내느냐에 따라 그 표정은 더욱 다양해질 수 있다.

이렇게 함으로써 비로소 신문은 인쇄되어 나오는 순간 이미 확정된 '죽은 사실들'의 집합이 아니라, 독자의 적극적이고 능동적인 참여를 통해서 살아 숨쉬는 가변적 사실의 집합으로 된다. 바로 이 '적극적이고 능동적인 참여'에 새로운 신문 읽기의 핵심이 담겨 있다.

신문 읽기의 새로운 길을 주제로 한 이 책은 기승전결의 네 마당으로 구성되어 있다. 첫째마당은 신문 편집이란 무엇이고, 편집이란 창을 통해 신문을 읽는다는 것이 구체적으로 무엇을 의미하는가를 실례를 들어 분석해보았다. 이어 둘째마당에서는 지면을 입체로 읽어야 할 이유로서 신문 편집에 작용하는 외적 요인을 살펴보고, 그 외적 요인에 의해 신문 편집이 어떻게 굴절되는가를 실례를 들어 보여주려 노력했다. 셋째마당은 사설과 편집의 관계를 더듬어봄으로써 편집 왜곡의 외적 요인을 가능하게 할 뿐만 아니라 스스로 편집을 굴절시키는 내적 요인이 무엇인가를 진단해보았다. 더불어 신문 편집이 실제로 어떤 제작 구조 아래에서 이루어지고 있는가를 설명하고, 마지막으로 넷째마당에서는 신문 독자들이 어떻게 편집이라는 창문을 한결 투명하게 볼 수 있는 성숙한 독자로 거듭날 수 있는가에도 관심을 기울여보았다.

자, 이제부터 살아 있는 편집의 세계로 흥미진진한 여행을 떠나보자. 당신이 현명한 독자로 성숙하는 긴 여로에 이 책이 좋은 길벗이 되기를 바란다.

첫째 마당

편집을 읽어야 기사가 보인다

1. 신문 편집
- 기사읽기의 열쇠

어떤 현장에 기자가 와서 취재를 했다고 해서 그것이 곧바로 활자화되는 건 아니다. 분명 신문기자가 왔다 갔는데 기사는 실리지 않은 쓸쓸한 경험이라든가, 자신이 현장에서 본 것과는 다르게 기사가 보도되는 당혹감을 한 번쯤 느껴본 독자도 있을 것이다. 이는 신문기사가 신문에 실리기까지 편집이란 과정을 거치기 때문에 생기는 현상이다.

편집이란 삶의 현실이 신문에 실리기까지 거치게 되는 모든 과정을 의미한다. 비록 하루치의 것일망정 그 엄청나게 방대하고 풍부한 현실세계를 겨우 몇 쪽의 지면에 다 담을 수 없음은 명백한 일이다. 그래서 삶의 현실과 신문 지면 사이에 불가피하게 놓이게 된 여과장치가 바로 편집인 셈이다.

우리가 매일 보는 신문은 편집이란 과정을 통해 걸러진 사실을 전달하고 있을 뿐이다. 취사선택의 과정이기도 한 편집에는 따라서 당연히 가치판단이 스며 있게 된다. 가치판단이 빠진 편집이란 애초부터 성립 자체가 불가능하다. 예컨대, TV 뉴스에서 선거 때만 되면 공정성 시비가 일어나는 것도 바로 이 편집 때문이다. 화면에 어떤 후보의 유세 장면은 사람이 많은 곳이나 열렬히 호응하는 청중의 모습을 담아 내보내고, 반면 어떤 후보의 경우는 썰렁하고 무표정한 관중 모습이 방영되는 식으로 말이다. 이렇듯 신문 독자든 방송 시청자든 편집을 통해 걸러진 내용을 제대로 분별해내지 않으면, 한 편집자의 가치판단에다 자신의 머리를 고스란히 내맡기는 꼴이 되고 만다.

그렇다면 과연 신문 편집이란 무엇일까?

의외로 많은 신문 독자들이 신문사 편집국의 편집부가 무엇을 하는 곳인지 잘 모르고 있다. 편집국과 편집부를 혼동하는 지식인들도 상당수에 이른다. 우리 사회의 신문 읽기 수준이 어느 정도인지를 단적으로 드러내주는 대목이 아닐 수 없다. 즉, 편집이라는 개념을 제대로 알지 못하고 있는 것이다. 물론 신문 편집이 무엇인가를 제대로 이해하기란 그리 간단하지 않다. 거기에는 철학과 정치학의 고전적인 문제들이 녹아 있기 때문이다. 물론 그렇다고 해서 신문 편집이 우리 일상적 사고와 동떨어진 별개의 거창한 영역인 것은 또 아니다.

우선 지금 곁에 있는 아무 신문이나 한번 펼쳐보기 바란다. 아마도 당신은 먼저 큼지막한 글자로 된 기사 제목들에 눈길을 주었을 성싶다. 그런 뒤, 작은 글자로 된 본문 기사를 읽어나가는 게 일반적인 신문 독법이다. 그런데 이런 읽기의 순서는 실제 신문 편집 과정의 역순이다. 즉, 기사의 서두나 말미에 이름을 밝히고 있는 취재기자가 기사 제목을 정한 뒤에 기사를 써나간 것이 아니다. 신문은 제목을 정한 뒤 기사를 쓰는 것이 아니고, 기사를 쓴 기자와 제목을 쓴 기자도 완전히 다른 사람이라는 이 간단한 상식이 갖는 의미는 그러나 결코 간단치 않다.

이 책 둘째마당에서 자세히 살펴보겠지만, 신문기사 제목을 단순한 제목이 아니라 '표제表題'라 하는 이유도 여기에 있다. 제목을 정하고 내용을 써내려 가는 통상적인 글쓰기에서는 제목이 그 글을 쓴 사람의 생각과 일치하지만, 신문 표제의 경우는 기사를 쓴 사람의 생각과 일치하지 않을 수도 있기 때문이다.

신문을 올바르게 읽기 위해서는 우선 표제의 특수성부터 분명히 알 필요가 있다. 신문기자 가운데는 기사 제목, 즉 표제만을 전담하는 기자가 있고, 그런 기자들이 모여 있는 곳이 바로 편집국 편집부이다. 표제는 편집의 가장 기초적인 과제 중 하나이다.

그렇다면 왜 신문에는 기사와 표제가 나뉘어 있을까, 일반적인 글쓰기가 그렇듯 제목을 정한 뒤 기사를 쓴다면 훨씬 효과적이지 않을까 하는 등의 의문이 자연스럽게 떠오를 것이다.

잠시 신문 지면을 다시 한번 보자. 한국에서 발행되는 대다수 일간지의 지면 크기는 가로 39cm, 세로 54.5cm 크기로 규격화되어 있다. 지면은 대개 50여 면 안팎으로 묶여 하루치 신문으로 발행된다.

여기서 기본 광고면을 빼면 기사가 들어갈 부분은 가로 36cm, 세로 33cm가 된다. 그런 지면 50여 면을 매일매일 빠짐없이 채워나갈 과제는 신문사 편집국 기자들에게 맡겨진다.

따라서 기자 한 사람 한 사람이 작문하듯 제목을 정하고 그에 맞춰 기사를 써내려가는 방식으로는 신문을 매일 발행하기가 원천적으로 불가능하다. 50여 면에 이르는 지면을 누군가 총괄함으로써 각 지면을 주제별로 분류하고, 그 지면의 성격에 따라 기사를 빈 칸 없이 배열해야 기술적으로 신문 발행이 가능하다.

바로 그 총괄하는 기자를 일러 편집국장이라 한다. 편집국장을 정점으로 기자들이 모여 있는 편집국은 조직상 여러 개의 부서로 나뉘어 있다. 이를테면 편집부·정치부·경제부·사회부·국제부·여론매체부·문화부·체육부 등이 그것이다. 이를 단순화하면, 편집국의 편제는 22쪽 〈그림 1〉과 같이 크게 편집부와 취재부로 나뉜다.

2000년대 들어 신문사에 따라서는 편집국장 중심의 수직적 구조를 유럽식으로 수평화한다며 편집국장 아래에 부문별편집장(에디터)을 두기도 한다. 정치사회 에디터, 국제경제 에디터, 문화스포츠 에디터 들이 각 취재부장과 편집팀장을 통괄하는 구조다. 하지만 그 구조에서도 취재와 편집은 구분될 수밖에 없다. 편집과 취재의 조직이 각 부문별 편집장 아래로 재편되었을 뿐, 신문 편집의 큰 틀은 바뀌지 않았다.

편집과 취재의 관계를 보다 쉽게 이해하기 위해 매일 50여 면에

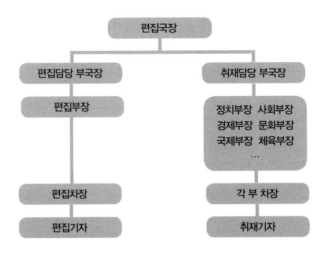

〈그림1〉 신문 편집국의 조직구조

이르는 신문 지면이 어떻게 만들어지는지 구체적으로 살펴보자.

정치·경제·사회·여론·문화·체육 등 각 분야별로 담당이 나뉘어 있는 취재기자들은 그날 하루 사회 각 부문에서 일어난 일들을 신문 지면에 '반영'하기 위해 철저한 '분업' 속에 취재에 임한다. 그리하여 어떤 삶의 현장이 그날의 신문 지면에 반영되기까지에는 결코 적지 않은 단계를 거치게 된다. 그 과정은 크게 보아 편집국 안에 있는 5개의 관문을 의미한다. 예컨대, 그 어떤 사건도 편집국 안의 5개 관문을 통과하지 않고선 독자에게 전달될 수 없다. 또, 각각의 관문에는 그 문을 지키는 '수문장'이 있다.

〈그림 2〉에 나타나듯이, 기사가 지면에 실리는 관문들의 첫 수문

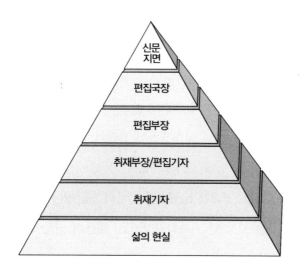

〈그림2〉 **신문 편집의 피라미드 구조**

신문
지면

편집국장

편집부장

취재부장/편집기자

취재기자

삶의 현실

장은 바로 취재기자 자신이다. 어떤 사건이 일어났다고 하자. 취재기자가 이를 기사화해야겠다고 판단한 바로 그 순간, 비로소 그 사건은 신문보도의 첫 관문에 들어서게 된다. 판단은 섰으되 설령 취재기자가 미처 현장에 가지 못했다면 간접 취재의 방식을 동원하는 것도 가능하다.

그런데 취재기자가 기사화하기로 결정했다 하더라도 기자의 시각에 따라 그 현장의 진실이 달라진다는 점에 주목할 필요가 있다. 예컨대 남도에 사는 백남기 농민이 2015년 11월 14일 서울에서 열린 '민중총궐기대회'에 참여했다가 경찰이 쏜 물대포에 맞아 쓰러져 317일 만인 2016년 9월 25일 끝내 숨을 거둔 사건을 짚어보자. 고故 백남기 농민은 대학 재학시절에 군부독재 정권에 맞서 민주주의를 요구하다가 감옥 생활을 했고, 석방된 뒤 고향으로 돌아가 30년 넘도록 농사를 지으며 농민운동에 동참했다.

그런데 백남기 농민을 담당했던 서울대병원 주치의가 물대포를 맞아 숨진 고인의 사인을 '병사'라고 쓴 사실이 드러나면서 비판여론이 거세게 일었다. 서울대 의대생들이 집단서명해 항의했고 전국 의대생들도 성명서를 냈다. 서울대병원은 특별조사위원회를 만들어 진상규명에 나섰고 결과를 10월 3일 기자회견을 열어 발표했다.

같은 날 같은 시각 연 기자회견임에도, 내용이 신문에 따라 크게 다른 점을 확인할 수 있다. 2016년 10월 4일자 신문들을 살펴보자.

〈기사①〉

시위 중 물대포를 맞고 쓰러져 1년 가까이 투병하다가 숨진 고故 백남기(69)씨의 사망진단서가 원칙과 다르게 작성됐다는 논란과 관련, 서울대병원 특별조사위원회는 3일 기자회견을 열고 "백씨의 사망진단서가 원칙과 다르게 작성됐지만, 내용과 작성 과정에 외압 등 문제는 없었다"고 밝혔다. 서울대병원은 사망진단서에 백씨가 병사病死했고, 직접 사인은 '심폐 정지'라고 적었다. 특위 위원장을 맡은 이윤성 대한의학회장(서울대 의대 교수)은 "심폐 정지 등 사망하는 사람에게 모두 나타날 수 있는 현상은 원칙적으로 사인으로 기록하지 않는다"며 "(주치의가) 직접 사인을 '심폐 정지'라고 적은 것은 대한의사협회에서 규정하는 사망진단서 작성 지침과 다르다"고 밝혔다. 이 위원장은 그러나 "사망 원인의 판단은 다양한 상황을 고려한 주치의의 재량이기 때문에 적절한 이유를 설명할 수 있다면 문제가 없다"고 설명했다. 백씨의 주치의인 백선하 교수는 "백씨는 사망 6일 전부터 급성신부전이 빠르게 진행됐지만, 유족의 뜻에 따라 체외 투석 등 적극적 치료 조치를 하지 않았다"며 "이 때문에 백씨의 직접 사인은 급성신부전 진행에 따른 심폐정지이고, 병사에 해당한다고 판단했다"고 말했다. 백 교수는 또 "(유족의 동의를 받아서) 최선의 진료가 이뤄졌는데도 백씨가 사망했다면 '병사'가 아닌 '외인사外因死'로 표기했을 것"이라고 덧붙였다.(『조선일보』 2016년 10월 4일자 10면)

〈기사 ②〉

농민 백남기 씨(69)의 사인死因을 둘러싼 논란에 대해 백 씨의 주치의였던 서울대병원 백선하 교수(신경외과)가 3일 "사망진단서에 기재한 것처럼 심폐정지가 맞다"고 주장했다. 병사病死라는 것이다. 그러나 서울대병원과 서울대 의대 합동 특별조사위원회는 "외압이나 강요는 없었다. 하지만 담당 교수가 일반적인 지침과는 다르게 사망진단서를 작성했다"고 밝혀 논란은 계속될 것으로 전망된다. 특별조사위 위원장인 이윤성 서울대 의대 법의학교실 교수도 사견임을 전제로 "백 교수가 적은 것과 달리 외인사外因死로 기재했어야 한다"고 말했다.

지난해 11월 14일 시위 도중 쓰러져 지난달 25일 숨진 백 씨의 사인에 대해 유족과 시민·사회단체는 "병사가 아니라 외부 원인, 즉 경찰의 물대포 직사直射에 따른 것"이라며 "사인이 명백한 만큼 부검을 할 필요가 없다"고 주장하고 있다.

이에 대해 백 교수는 "대한의사협회의 지침에 따르자면 사망진단서에는 심장마비, 호흡부전 등 사망의 기전을 기록할 수 없지만 백 씨의 경우 가족들이 고인의 뜻에 따라 적극적인 치료를 거부했기 때문에 예외적으로 '심폐정지'라고 기재해야 한다고 판단했다"고 설명했다. 백 씨를 사망에 이르게 한 직접적인 원인은 외부 충격이 아니라 급성신부전증 등 합병증을 제대로 치료하지 않아 상태가 악화됐기 때문이라는 것이다.

서울대병원에 따르면 백 씨의 보호자들은 혈액투석, 인공호흡 등을 명시적으로 거부했고, 9월 초에는 약물치료도 받지 않겠다고 했다. 의료진은 위급할 때에는 보호자의 동의를 얻어 최소한의 항생제 투여와 수혈을 하는 데 그쳤다. 백 교수는 "만약 환자가 적절한 최선의 치료를 받은 후 사망했다면 (나도) 사망의 종류를 '외인사'로 기재했을 것"이라고 덧붙였다.

그러나 백 씨의 유족과 '백남기 투쟁본부' 측은 "의료진이 소생 가능성이 없다고 했기 때문에 고통을 주는 진료를 거부한 것일 뿐"이라고 반박했다.

특별조사위는 백 씨의 사망진단서가 지침과 다르다는 결론을 냈지만 진단서를 당장 수정하지는 않기로 했다. 백 교수가 자신의 의학적 판단에 따라 결정했고, 사망진단서는 의료기관이 아닌 의사 개인이 작성하기 때문이다.

한편 특별조사위 이 위원장은 백 씨의 부검에 대해 "세간의 관심이 집중된 죽음은 부검을 해야 한다는 게 지론"이라고 말했다.

더불어민주당, 국민의당, 정의당 등 야 3당은 백 씨 사태에 대한 특별검사법안을 이르면 5일 국회에 제출하기로 했다. 더민주당 박완주 원내수석부대표는 "야권 3당 수석부대표가 백남기 특검법안을 발의하기로 공감대를 이뤘고, 현재 실무 준비 중"이라며 "늦어도 이번 주 안에는 발의가 진행될 것"이라고 말했다. 국민의당 박지원 비대위원장 겸 원내대표도 트위터에 "5일 의원총회에서 백남기 특검 추진이 의결되면 야 3당 공조로 법안을 제출하겠다"고 했다. 이에 따라 국회가 다시 여야 갈등 상황으로 치닫는 것 아니냐는 우려가 나오고 있다(『동아일보』 2016년 10월 4일자 12면)

〈기사 ③〉

서울대병원과 서울대 의대 합동 특별조사위원회(특위)가 고 백남기 씨의 사망 종류를 '병사', 직접사인을 '심폐정지'라고 기재한 사망진단서는 대한의사협회의 지침과 다르다고 공식적으로 확인했다. 특위 위원장인 이윤성 교수(서울대의대 법의학교실 교수, 대한의학회장, 국가생명윤리정책연구원장)는 "저라면 (사망 종류를) '외인사'라고 썼을 것"이라고 분명히 했다.

3일 오후 서울대병원 서성환홀에서 열린 기자회견에서 이 위원장은 이같이 밝히며 "다만 담당 교수가 헌신적인 진료를 시행했으며 임상적으로 특수한 상황에 대해 진정성을 가지고 작성했음을 확인했다"고 말했다. 그는 "사망진단서는 의사 개인이 작성하는 문서이기 때문에 (수정을) 강요할 순 없다"고 덧붙였다. 백씨의 사망진단서를 두고 비판성명이 이어지자 서울대병원 쪽은 특위를 구성해 회의를 열고 이날 결과를 발표했다. 이에 대해 백씨의 주치의였던 백선하 교수(신경외과장)는 "환자분께서 최선의 진료를 받지 않고 사망에 이르러 병사로 기재했다"고 반박했다.

한 특위 위원은 『한겨레』와 통화에서 "특위 공식 입장은 외인사"라며 "회의에서 백 교수를 설득했지만 고집을 꺾지 않았다"고 말했다. 유가족과 '백남기 투쟁본부'는 이날 저녁 기자회견을 열어 "'사망진단서 지침을 어겼으나 고칠 순 없다'는 발표가 매우 유감스럽다"며 "검경의 부당한 부검 시도에 반대한다는 입장을 재확인한다"고 밝혔다. (『한겨레』 2016년 10월 4일자 1면)

같은 날 같은 장소에서 일어난 동일한 사건이지만 취재기자의 관점에 따라 현실은 크게 차이가 있음을 보게 된다. 〈기사 ①〉에서는, 특위 위원장을 맡은 이윤성 대한의학회장(서울대 의대 교수)이 주치의가 작성한 사망진단서가 대한의사협회의 작성 지침과 다르지만, 사망 원인의 판단은 다양한 상황을 고려한 주치의의 재량이기 때문에 적절한 이유를 설명할 수 있다면 문제가 없다고 이야기한다.

〈기사 ②〉는 특위 위원장인 이윤성 교수와 고 백남기의 주치의였던 백선하 교수가 논란이 일고 있는 백남기씨의 사인에 대해 엇갈린 의견을 내놓았다는 사실을 부각했다.

그런데 〈기사 ③〉을 보면 전혀 다르다. "서울대병원과 서울대 의대 합동 특별조사위원회"에 무게를 실어 특위가 고 백남기의 사인을 '병사', 직접사인을 '심폐정지'라고 기재한 사망진단서는 대한의사협회의 지침과 다르다고 공식적으로 확인했다고 보도했다.

대다수 독자가 그러하듯이 위 세 신문 중에 한 신문만 받아본 독자라면, 자신이 읽은 신문기사에 따라 2016년 10월 3일 서울대병원에서 있었던 특위의 기자회견 내용을 인식하게 된다. 똑같은 현실이 『조선일보』를 보는 독자, 『동아일보』를 보는 독자 그리고 『한겨레』를 보는 독자들에게 각각 다른 사실로 인식되는 것이다.(여기서 잠시 독자들은 앞의 기사들을 다시 읽어보면서 만약 자신이 그 기사들에 표제를 붙인다면 어떻게 했을까를 한번 생각해보기 바란다.)

두번째 관문은 정치·사회·경제·국제·여론·문화 등으로 나뉘어 있는 각 부 담당 취재부장들이다. 대개 독자들은 기사의 서두나 말미에 이름을 밝히고 있는 기자가 직접 쓴 그대로 기사가 활자화된 것이라고 여기기 쉽다. 그러나 기자가 쓴 그대로 신문 지면에 보도되는 경우란 거의 없다. 담당 취재부장에 의해 모든 취재기사의 원고는 수정되는 운명을 피할 수 없다.

실제로 취재부장은 오랜 기자생활을 통해 날카로운 현실감각을 지니고 있기 때문에 그의 원고 수정이나 취재 지시에 의해 기사가 한 결 돋보이게 되거나 특종취재를 하게 되는 경우도 많다. 취재부장은 편집국에 앉아 현장 곳곳에 있는 취재기자들에게 전화로 취재 지시를 하고 취재기자의 원고를 손질하기에 '데스크desk'라고 불린다. 말 그대로 책상 앞에 앉아 자신이 맡고 있는 분야의 취재를 총괄적으로 책임지고 있는 것이다. 취재기자와 취재부장의 관계는 선수와 감독의 관계와 비슷하다. 프로야구에서 감독이 벤치에 앉아 선수 개개인에게 지시를 내리는 것처럼 취재 데스크 역시 마찬가지 일을 한다. 그의 지휘 아래 각 지면에 들어갈 기사들이 취재되고 선택된다. 물론 야구 선수들도 개개인에게 역량 차이가 있듯이, 취재기자의 능력에 따라 취재 자체는 큰 차이가 있게 마련이다.

그러나 취재부장의 역할이 이처럼 긍정적인 것만은 아니다. 오히려 부정적인 점이 더 많았던 것이 그동안 한국 언론의 경험이었다. 가령 1980년대 전두환정권 시절, 현장의 기자들이 아무리 기사를 써서 보내도 학생들의 헌신적인 민주화 시위는 신문 지면에 실리지 못했다. 대부분의 신문에서 학생시위 관련 취재담당인 사회부장이 모두 휴지통으로 보냈던 것이다. 그래서일까. 보내는 기사마다 실리지 않자 울분이 쌓인 나머지 모 신문사에서 당시 수습 과정을 밟고 있던 젊은 기자 하나가 담당 데스크의 뺨을 갈기며 "너도 기자냐!"고 대들어 결국 그 신문사를 떠나게 된 '무용담'도 전해진다.

취재부장들의 '악역'은 여기서 그치지 않는다. 취재기자가 보낸 기사가 완전히 다른 내용으로 둔갑되어 그 기자의 이름으로 나가는 경우도 비일비재한 것이 편집국의 현실이다.

세번째 관문의 수문장은 편집기자이다. 독자들이 생소하게 느낄 부분이 바로 이 대목이 아닐까 싶다. 우선 염두에 두어야 할 사실은 각 취재부장에 의해 걸러진 취재기자들의 기사라고 해서 그것이 또 그대로 신문에 실리지는 않는다는 점이다.

다시 신문 지면을 펴보기 바란다. 독자들은 빈자리가 전혀 없음을 새삼스레 주목해볼 필요가 있다. 이렇게 기사들을 신문 지면에 여백한 곳 없이 배열해야 할 누군가가 있어야 하지 않겠는가. 아울러 각 기사에 표제를 '부여'하고 어떤 기사를 머리기사로 하고 어느 기사를 1단짜리 기사로 해야 할지, 그리고 어떤 사진을 어느 크기로 실을지 등을 결정해야 할 누군가가 있어야 한다는 얘기다.

지면은 물리적으로 한정되어 있기에 취재기자들이 쓴 기사가 모두 실릴 수는 없다. 취재부장에 의해 걸러진 기사들을 넘겨받아 중요하지 않은 기사들은 제외해야 한다. 수십여 쪽에 이르는 신문의 각 지면마다 그런 작업을 책임지고 해낼 기자가 존재해야 이 모든 일이 가능하다. 그 기자가 없으면 아무리 특종기사가 쏟아져도 물리적으로 신문은 발행될 수 없다. 구슬이 서 말이라도 꿰지 않으면 소용없는 셈이다. 바로 그 역할을 하는 기자가 편집기자다.

편집기자의 구실은 뒤에서 더 자세히 다루고, 여기서는 위에서 예를 들었던 기사의 표제가 실제 어떻게 붙여졌는지를 한번 살펴보자. 앞의 기사에 대해 독자 스스로 붙여본 제목을 실제로 보도된 신문 표제와 비교해보면 한결 유익할 터이다.

〈기사 ①〉의 표제

"백남기씨 사망진단서, 醫協 지침과 다르지만 내용에 문제 없어"

서울대병원 특위, 논란 해명

〈기사 ②〉의 표제

주치의 "백남기씨 病死 맞다" 특조위 "지침과 다르게 사망진단"

특조위장 "나라면 外因死로 기재"

주치의 "유족들 합병증 치료 거부… 적절한 치료 받았다면 外因死"

野3당, 특검법안 이르면 5일 제출

〈기사 ③〉의 표제

서울대병원 특위 위원장 "나라면 '외인사'로 썼을 것"

"백남기 사망진단서 지침 어겨"

위의 표제들은 모두 각각의 기사를 비교적 온전히 반영하고 있다. 그 결과 편집기자가 작성한 표제를 통해 취재기자의 관점과 그에 따른 기사의 차이점이 더 부각되고 있는 사실을 알 수 있다.

〈자료 1〉조선일보, 2016년 10월 4일자 A10면

여기서 그치지 않는다. 각각의 신문 표제가 실제 신문 지면에서 어떻게 편집되었는가를 살펴보면 독자들에게 특위의 발표 내용이 어

〈자료 2〉 동아일보, 2016년 10월 4일자 A12면

떻게 전달되었을지 충분히 짐작할 수 있다.

먼저 〈기사 ①〉이 편집된 신문(〈자료 1〉)을 보면 10면 3단 기사로

〈자료 3〉 한겨레, 2016년 10월 4일자 1면

돼 있어 크게 부각되지 않는다. '콜 포비아 세대' 기사가 머리로 돋
보이게 편집돼 있다. 〈기사 ②〉를 보도한 신문(〈자료 2〉)도 12면 3단
기사로 편집했다. 6단 중에 3단인 〈자료1〉과 달리 5단 중에 3단이라

조금 더 부각한 셈이지만, 사안의 중요성을 놓고 볼 때 오십보백보라고 할 수 있다. 사진까지 기자회견하는 특위위원장과 주치의를 나란히 편집했다.

한편 〈기사 ③〉의 편집은 사뭇 다르다. 〈자료 3〉에서 볼 수 있듯이 1면 가운데로 편집해 독자의 관심을 유도하고 있다.

대체로 독자들이 표제를 먼저 본 후 기사를 읽는다는 점을 감안할 때, 어찌 보면 사소할 것 같은 이런 차이는 실상 독자들의 인식에 심대한 영향을 끼친다. 여기서 어느 신문의 보도가 옳았고 어느 신문의 보도가 악의적이라는 식의 가치판단은 일단 접어두기로 하자.

다만 세 신문 가운데 어느 하나를 아침에 읽은 독자들에게 2016년 10월 4일 일흔 살 농민의 죽음을 둘러싼 한국 사회의 풍경화는 사뭇 다르게 인식될 수밖에 없다는 사실만은 분명히 인식해둘 필요가 있다. 어느 신문의 편집이 옳았는가는 독자가 판단할 몫이지만, 그로부터 한 달이 지난 2016년 11월 16일 서울대병원은 백선하를 신경외과 과장직에서 보직 해임했다. 박근혜 대통령의 퇴진을 요구하는 백만 촛불집회가 열린 직후였다.

물론 편집 과정에서도 취재와 마찬가지로 편집기자가 작성한 표제가 모두 지면에 활자화되는 건 아니다. 반드시 편집부장의 손을 거쳐야 한다. 편집부장이 네번째 관문인 이유이다. 취재기자의 기사가 담당 취재부장을 거치며 수정되듯이, 편집기자의 표제 또한 편집부장에 의해 수정되거나 삭제되게 마련이다. 특히 신문 1면이나 사회면의 머리기사 표제는 편집부장이 가장 신경을 쓰는 부분이다. 편집부장은 각 지면별 담당 편집기자가 작성한 표제가 기사의 핵심을 정확하게 반영하고 있는지를 점검하고, 수정 지시를 하거나 자신이 직접 고치기도 한다.

다섯번째이자 마지막 수문장은 편집국장이다. 그는 취재와 편집의 최종 책임자로서, 취재부장에 의해 걸러진 기사들을 다시 검토하고 편집부장에 의해 걸러진 표제와 지면 구성을 점검하면서 그 지면이 윤전기에 걸리기 전까지 최종 판단을 내린다. 삶의 현실이 취재기자의 시각에 포착되어 취재부장과 편집기자 및 편집부장에 의해 모두 통과되었다 하더라도 편집국장이 적합하지 않다고 판단할 경우 그 기사는 삭제될 수밖에 없다. 신문의 모든 지면이 결국 편집국장의 책임 아래 만들어진다는 말은 앞서 살펴본 취재와 편집 과정을 파악한다면 쉽게 이해할 수 있을 것이다.

여기서 신문 지면의 최종 책임자를 편집국장으로 정리하는 것은 신문 제작의 기본 원리로 볼 때 그렇다는 의미이다. 다음 마당들에서 곧 살펴보겠지만, 지면에는 편집국을 둘러싼 신문사 안팎의 또 다른 정치경제적 문제들이 엄존하고 있다. 그러나 첫째마당에서는 편집국장이 편집국을 대표하는 기자로서, 적어도 이론상으로 그가 지면 편집의 총괄 책임자임이 분명하다는 사실만 확인해두기로 하자.

지금까지 보았듯이, 삶의 현실이 신문 지면에 반영되기까지에는 5개의 관문이 존재한다. 결국 취재나 편집이란 모두 선택 행위이자 결정 행위라는 점에서 공통된다. 무수히 많은 현실에서 취재기자가 그 현실을 기사화하겠다고 생각하는 그 순간 이미 하나의 편집이 시작되는 것이며, 기사를 보고 편집기자가 표제를 작성하는 등의 행위는 또 다른 의미의 취재인 셈이다. 각각 그 지점에서 취재기자가 곧 편집기자가 되고, 편집기자가 바로 취재기자가 되는 것이다.

취재와 편집을 포괄해 편집이라 하는 까닭이 여기에 있다. 좁은 의미의 편집이란 표제를 작성하고 지면을 구성하는 행위이지만, 넓은 의미의 편집이란 취재와 편집을 합친 모든 신문 제작 과정을 뜻한다. 신문 지면의 총책임자를 편집국장이라 하는 것도 같은 맥락이다.

이 책에서 사용하는 편집이란 개념은 대체로 좁은 의미의 편집에 바탕을 두고 있지만 언제나 넓은 의미의 편집 개념을 포괄하고 있다. 분명한 것은 좁은 의미의 편집 개념을 정확히 알아야 넓은 의미의 편집 개념도 제대로 이해하게 된다는 점이다.

다시 우리의 논의로 돌아가보자. 삶의 현실이 지면화되는 과정에 5개의 관문이 있다는 사실을 인식한 독자들은 이제 왜 신문이 기사가 아니라 편집인가를, 그리고 신문 제작에서 왜 취재와 편집을 나누고 있는가를 조금은 이해했으리라 믿는다. 그러나 신문 편집국이 취재와 편집으로 대별되어 있는 현실은 효과적인 분업체제 이상의 의미를 담고 있다.

어떤 삶의 현실에 직접 부딪치는 취재기자의 시각과 그 현장에서 떨어져 있는 편집기자의 시각이 종합됨으로써 보다 정확하게 현실이 반영될 수 있기 때문이다. 바둑이나 장기에서 직접 자신이 둘 때보다 옆에서 관전할 때 '수'가 더 잘 보였던 경험을 연상해보면 쉽게 이해가 될 것이다. 취재기자는 현장에서 흥분(?)하여 기사를 작성하지만, 편집기자가 냉정히 보기에는 다른 부분이 더 중요한 대목이라는 판단도 얼마든지 가능한 것이다.

이를 간단히 요약하면 '취재와 편집의 현실 변증법'이라 할 수 있다. 취재와 편집의 과정을 거치면서 보다 진실에 가까운 '현실'을 독자들에게 전하게 된다는 것이다. 물론 이론상으로 둘을 나눔으로써 진실에 더 가까이 갈 수 있다는 것과 실제 신문 만들기가 반드시 일치하지는 않는다. 오히려 취재와 편집의 과정을 거치면서 현실은 한층 더 왜곡될 가능성이 높고, 실제로 그런 우려가 한국 언론에 현실로 나타났던 것이 엄연한 사실이다. 그러나 그렇다고 해서 취재와 편집을 나눠 신문을 만드는 것 자체가 잘못이라고 단정한다면, 성급한 판단이다. 목욕물을 버리면서 아기까지 버릴 수 없는 이치와 같다.

지금까지 살펴보았듯이, 독자들에게 읽히는 지면이 완성되기까지 숱한 편집 과정이 존재하는 까닭에 신문 편집이 '기사 바로 읽기'의 열쇠일 수 있다. 그렇다면 이제 신문기사가 구체적으로 어떻게 편집되는지 한 걸음 더 깊이 들어가보기로 하자.

2. 신문 편집과 현실그림

앞서 보았듯이, 신문은 사실에 근거를 둔 창작에 가깝다. 삶의 현실과 신문이 그려낸 현실 사이에는 분명 차이가 있을 수밖에 없다. 문제는 우리가 알고 있는 현실이 대부분 언론에 의해 그려진 현실이라는 점이다.

물론 정보화 시대니 지구촌 시대니 하는 오늘날, 우리는 세계 구석구석에서 일어나는 사건들을 곧바로 알 수 있게 되었다. 19세기까지만 하더라도 우리 겨레의 대다수가 중국을 중심으로 한 동북아시아를 '세계'로 파악했던 사실에 주목한다면, 이는 실로 엄청난 변화이다. 그러나 이 또한 언론에 의하지 않고는 불가능한 것이다. 인터넷이 아무리 발달되더라도 간접경험이라는 근원적 한계는 벗어날 수 없다.

막강한 자본력을 바탕으로 지구 곳곳에 들어가 있는 서방 통신사

기자들이 보낸 기사들을 국내 신문들이 받아 편집하고, 그것을 통해 우리는 지구촌의 현실을 그때그때 신속하게 알게 된다. 그러나 우리는 현장에 가 있는 서방 통신사의 취재기자와 그 통신사의 편집 과정을 통해 걸러진 현실을 보기 십상이다.

가령 이스라엘과 아랍의 갈등에서 우리들 대다수의 시각이 이스라엘 쪽으로 경도되어 있는 것이 그 적절한 예이다. 미국의 정치·경제·미디어 체제에 끼치는 유대인들의 무시할 수 없는 영향력을 감안할 때 대체로 서방과 이스라엘의 이해가 일치하는 경우가 많다. 따라서 서방 통신사들이 제공하는 정보는 많은 경우 이스라엘 쪽에서 바라본 기사들이기 쉽다. 그것을 국내 언론들이 그대로 받아들임으로써 우리는 알게 모르게 친이스라엘적, 반아랍적이 되어버리는 것이다. 미국의 패권을 인정하지 않는다는 이유로 미국 언론의 비판의 도마에 자주 오르내리는 쿠바나 이라크에 대해서 우리 독자들이 호의적인 시각을 갖지 않는 것도 같은 맥락이다. 정보제국주의의 문제가 우리들 삶 깊숙이 자리하고 있는 것이다.

이처럼 신문이 보여주는 그림에 따라 우리는 현실을 인식하고 그 현실 인식을 바탕으로 삶을 살아가고 있다. 여기서 신문이 보도하고 있는 현실의 그림, 바로 그것을 그려내는 작업이 편집이다. 그러면 편집이 그린 현실의 그림, 즉 신문 지면의 얼개는 어떻게 되어 있으며 누가 어떻게 그리는지 지면을 직접 분해해보기로 하자.

현재 종합일간지들은 대체로 매일 50여 면 이상의 지면을 발행하고 있다.(이는 우리보다 그 경제력 규모에서 비교가 안 될 정도로 큰 일본의 신문 지면 수를 오히려 능가하는 규모로서 우리 언론이 지나치게 증면경쟁에 몰두하고 있다는 비판의 근거가 되고 있다.) 50면 안팎의 지면이 담고 있는 기사들을 모두 묶으면 250여 쪽에 달하는 단행본 한 권에 맞먹는 분량이 된다. 수백여 명의 편집국 기자들이 매일매일 책 한 권씩을 공동저자가 되어 출판하고 있는 셈이다.

그러나 신문은 책과 달리 지면별로 뚜렷한 성격 차이가 있다. 50여 면이라 하지만 지면의 성격상 크게 뉴스면과 간지면 두 가지로 구분할 수 있다. 뉴스면은 다시 정치면·사회면·경제면·국제면으로, 간지면은 문화면·생활면·여성면·여론면 등으로 나뉜다.

뉴스면은 그날 하루 국내는 물론 국제사회에서 일어난 일을 신속히 보도하는 지면이며, 간지면은 '간지間紙'라는 말 그대로 뉴스면 사이에 있는 지면을 의미한다. 신문 맨 앞쪽인 1면을 비롯한 뉴스면과 맨 뒤쪽인 사회면의 사이에 놓여 있는 간지면들은 정보의 빠른 제공보다는 심층성과 다양성에 더 무게를 두고 있다. 문화면이나 생활정보면 과학면·환경면·여성면·미디어면 등이 그것이다. 일부 신문은 사회면을 정치면 바로 뒤에 전진 배치하면서 뉴스면과 간지면의 종래 틀을 깨기도 했다.

다양한 신문 지면의 배열을 가만히 들여다보면, 신문사 편집국 편제와 동일한 구성으로 이뤄져 있음을 알 수 있다. 50여 면 각 지면마다 그 지면의 특성이 있고 그에 맞는 취재부서가 있는 것이다. 물론 지면 배열은 편집국장과 편집부장의 고유권한이다. 모든 신문사가 편집국 편제에서 편집부를 수석 부서로 올려놓은 이유도 여기에 있다. 그 편집부의 구실, 구체적으로 말해서 지면을 그리는 편집기자의 구실과 권한이 무엇인가는 다음 절에서 자세히 다루기로 하고, 여기서는 50여 면 각 면마다 그 지면을 책임지고 있는 편집부 기자가 각각 따로 있다는 사실만 기억해두기로 하자. 신문의 전체 그림을 우선 볼 필요가 있기 때문이다.

흔히 신문 1면을 가리켜 '신문의 얼굴'이라고 한다. 신문을 볼 때 처음 대하는 지면이 1면이며, 바로 그곳에 그날 하루 일어난 사실 가운데 가장 중요한 내용이 실리는 까닭이다. 실제로 여러 가지 신문들이 진열되어 있는 신문 가판대에서 대부분의 독자들은 그 신문의 1면을 보고 구매 여부를 결정한다.

알다시피 어떤 만남이든 첫인상이 중요하다. 따라서 얼굴의 표정이 중요할 수밖에 없다. 당연히 신문사로서는 더 많은 사람의 눈길을 끌기 위해 그 어느 지면보다 1면에 심혈을 기울이게 마련이다. 더구나 하루만 지나면 그 상품의 가치가 사라지는 신문 상품의 특성상 독자들의 눈을 사로잡아야 할 필요는 더욱 절실하다.

그래서 신문 편집이 '얼굴 화장'에 비유되기도 한다. 좁은 의미의 편집을 메이크업make-up이라고 하는데, 이 말은 본디 화장·분장을 의미한다. 흥미로운 것은 바로 이 단어가 허구, 즉 '거짓 꾸밈'이라는 뜻도 지닌다는 사실이다.

신문 편집의 이러한 성격은 스포츠신문에서 극적으로 드러난다. 스포츠신문의 1면에는 거의 기사가 들어가지 않는다. 1면 전체가 대부분 표제와 큼지막한 사진으로 처리되어 있고, 특히 오른쪽 윗부분에는 선정적인 사진이 거의 매일 실린다. 이런 편집의 목적이 신문을 한 부라도 더 팔아 더 많은 이윤을 올리는 데 있는 것이긴 하지만, 역설적으로 신문이 기사가 아니라 편집임을 새삼 확인하게 해준다.

일반 종합일간지의 경우도, 엄밀히 말해 스포츠신문들이 지니고 있는 과대포장과 선정성으로부터 결코 자유롭지 못하다. 물론 일반 종합일간지의 경우 스포츠신문처럼 내놓고 선정적인 지면을 만들 수는 없다. 가정배달 독자의 수준도 만만치 않거니와, 무엇보다 종합일간지로서의 상품 성격이 있기에 지속적인 안정적 판매를 위해서라도 노골적인 선정주의는 삼가고 있다. 사실 종합일간지라면 그보다는 기사나 표제 자체가 경쟁력이 있어야 한다. 따라서 1면, 특히 무엇을 머리기사로 올릴지에 대해 고심할 수밖에 없다. 50여 면에 이르는 지면을 가득 채울 수많은 기사 중에 어느 기사가 독자들의 눈길을 가장 끌 수 있을까? 신문의 상품성을 결판내는 승부수이므로 심사숙고하지 않을 수 없는 것이다. 1면이야말로 그날 하루를 가장 강렬히 채색한 그림인 셈이다. 그것을 단적으로 보여준 편집이 있다. 『경향신문』이 창간 70돌을 맞아 선보인 1면이다.

1면 머리기사로 「공생의 길 못 찾으면 공멸⋯시간이 없다」를 실었는데 표제와 기사 일부가 컵라면과 삼각김밥, 라면 국물, 김 부스러

〈자료4〉 경향신문, 2016년 10월 6일자 1면

기로 가려져 있다. 지면 왼쪽 아래는 "오늘 알바 일당은 4만 9천원…김영란법은 딴 세상 얘기. 내게도 내일이 있을까?"라고 손으로 쓴 글을 담았다.

『경향신문』은 같은 날 「신문 위의 컵라면·김밥…고달픈 청년 상징」 표제 아래 '창간특집 제작노트'를 기사화했다.

"신문은 일상입니다. 시대를 기록하는 엄중한 사초이면서 때로는 누구나 바닥에 깔고 쓰는 800원짜리 간편 도구이기도 합니다. 경향신문 창간 70주년 신문 위에 컵라면과 삼각 김밥을 올려놓았습니다. 이 시대 고달픈 청년들의 상징입니다. '신문의 얼굴'인 1면 「공생의 길 못 찾으면 공멸…시간이 없다」는 제목과 기사, 사진을 가린 한 끼 먹거리는 기성세대의 형식적인 엄숙주의를 조롱하며 청년 문제보다 더 중한 것이 무엇이냐고 반문하고 있습니다."

창간 70돌 기념의 예외적 1면이지만, 편집의 미학과 깊은 의미가 두루 담긴 지면이다.

대체로 언론계에서는 신문기자들을 일러 하루하루 승부를 벌인다고 말한다. 어떤 기자든 자신이 취재하거나 편집한 기사들이 다른 신문과 바로 그날 비교가 이루어져 단번에 우열이 판가름 나는 까닭이다. 자신의 노동이 바로 그날 평가되는 것이다. 그래서 신문기자들은 "우리는 하루 벌어 하루 먹는 막노동자"라며 자조하기도 한다.

그렇다면 한 신문의 1면 머리기사는 어떻게 결정될까? 현재 서울에서 발행되는 대부분의 조간신문들은 대체로 하루에 최소한 다섯 차례 이상 고정된 시간에 편집회의를 한다. 오전 10시 회의와 오후 2시 회의, 4시 회의, 그리고 저녁 7시 회의가 있고 마지막으로 8시 회의가 있다.

편집국장 주재 아래 편집국의 각 데스크들이 참석하는 다섯 차례의 편집회의를 통해 비단 머리기사만이 아니라 그날 신문의 전체 편집이 완결된다. 신문사에 따라 참석 범위가 다르지만, 이 회의에 1면 편집기자와 사회면 편집기자가 동석하기도 한다. 편집회의에서 오가는 지면 구상의 분위기를 편집기자도 파악해야 한다는 취지로, 일부 신문사에서는 편집기자가 적극적인 의견을 개진하도록 권장하기도 한다.

첫 회의인 10시 회의는 한마디로 그날의 지면에 윤곽을 그리는 회의다. 내일자 신문을 어떻게 만들 것인가에 대해 각 부서 부장들이 그날 출고할 기사들을 간략히 보고하고, 이를 편집부장이 종합하면서 지면 배치를 논의하게 된다. 하루하루의 신문을 생물로 본다면 생명의 씨앗이 뿌려지는 단계라고 할 수 있다.

오후 2시 회의는 지면 구상을 한층 더 구체화하는 회의이다. 석간신문도 참고하고, 각 출입처에 나가 있는 기자들로부터 새로운 정보를 보고 받은 데스크들이 각자 머리기사감을 제출하여 이를 놓고 토론을 거쳐 1면 머리기사를 비롯한 대체적인 지면의 그림이 그려진다. 10시 회의에서 구상한 신문 편집의 그림들이 스케치되는 단계라고 할 수 있다. 그림의 얼개가 갖춰지는 것이다.

이 구상 단계와 스케치 과정에서 편집부장의 역할은 지대하다. 지면 배정은 물론 뉴스가치 판단에서 편집국장 다음의 발언권과 결정권을 행사하기 때문이다. 대부분의 신문사에서 편집국장이 주재하는 편집회의를 편집부장이 진행하는 것도 같은 맥락이다. 물론 최종 결정과 판단이 편집국장의 몫임은 두말할 나위 없다.

4시 회의는 마감시간에 임박한 회의로서 뉴스면의 주요 데스크들만이 참석한다. 이를테면 편집부장과 정치·사회·경제·사진부장들이다. 2시 회의 이후 돌발변수는 없는지 다시 점검하고, 1면과 사회면 종합해설면의 머리기사와 사진 배치를 최종 결정하게 된다.

이때부터 신문사 편집국은 눈코 뜰 새 없이 분주하게 돌아간다. 대체로 오후 4시 30분이 조간신문의 기사 마감시간이며, 이후 편집국 특히 편집부는 외부에서 걸려오는 전화조차 받을 틈 없이 바쁘게 움직인다. 이 시간에 편집부 기자는 아무리 친한 친구의 전화라도 빨리 끊을 수밖에 없다. 하물며 이 시간에 독자들이 편집부로 전화를 걸어 신문보도에 대해 문의하거나 따질 경우 어떤 응답을 받을지는 미루어 짐작할 수 있을 것이다. 편집부 기자 또한 넘어온 기사들로 마지막 현실의 그림을 완성시켜야 할 마감시간이 있기 때문이다.

대체로 오후 2시에서 4시 30분까지는 취재기자들이 마감시간에 쫓기고, 그 이후는 편집기자들이 마감시간과 사투를 벌인다. 말 그대로 마감시간은 사선死線이며 '데드라인Deadline'이다. 편집국장과 편집부장의 직접적인 '지휘' 아래 편집기자들은 바야흐로 산고의 진통을 겪는 것이다. 이 4시 30분부터 두 시간 동안 편집기자들에 의해 그려진 각 지면의 그림들은 전산 제작되어 윤전기에 걸리게 된다. 마지막 1면이 걸린 뒤 비로소 윤전기의 굉음 속에 신문이 탄생한다.

대체로 저녁 6시 30분에서 7시 사이에 다음 날짜 조간신문이 인쇄되어 나온다. 이것을 '가판' 또는 '지방판'이라고 한다. 다음날의 조간신문을 전날 저녁 8시쯤 서울 광화문이나 서울역 주변 신문 가판대에 가면 언제든지 구해볼 수 있다. 지방판이라 하는 이유는 서울역 저녁 기차를 통해 이때 인쇄되어 나온 신문들을 영호남 지방으로 발송하기 때문이다.

7시 회의는 신문이 나온 뒤 자체 평가 겸 야근 점검회의이며, 마지막으로 8시 회의는 다른 조간신문들과 비교해본 뒤 보완할 점이 없는지 재검토해보는 회의이다. 현실 그림의 마무리 손질이자 덧칠인 셈이다.

이처럼 1면 머리기사를 비롯한 지면 편집은 다음날 아침 신문이 일반 가정에 배달될 때까지 숱한 회의를 거치면서 선택과 결정의 과정을 거치게 된다. 그리고 당연한 말이지만, 그 현실의 그림들은 신문마다 다르다.

신문마다 편집의 눈이 다르고 그 눈에 따라 그림을 그리기 때문이다. 이는 같은 사실을 각 신문들이 똑같이 1면 머리기사 소재로 다루었을 때 극명하게 드러난다. 가령 1996년 봄, 역사적인 '전두환-노태우 재판'을 다룬 주요 신문들의 1면을 비교해보자.

〈자료 5〉 조선일보, 1996년 3월 12일자 1면

　　세 신문 두루 전두환-노태우 두 전직 대통령이 12·12 군사반란
및 5·18 내란사건 첫 공판이 열린 대법정에 나란히 선 사실을 1면
머리기사로 보도했다. 세 신문의 1면 편집에서 우선 공통점부터 살
펴보자. 세 신문은 모두 두 전직 대통령이 법정에 선 사실을 전단 표

〈자료 6〉 동아일보, 1996년 3월 12일자 1면

제로 보도하고 사진을 돋보이게 편집하고 있다. 이들 신문의 1면을
보면 누구나 신문 편집이란 이런 것이구나 하는 느낌을 가질 법하다.
세 신문 모두 1면 지면에서 기사의 비율은 극히 저조하다. 광고 비율
을 제외했을 경우 『조선일보』는 표제-사진-기사 순이고, 『동아일

〈자료 7〉 한겨레신문, 1996년 3월 12일자 1면

보』는 사진-표제-기사 순으로 지면 구성이 되어 있다. 『한겨레』만
이 기사-표제-사진 순으로 되어 있으나, 전체 지면에서 기사의 비
율은 여전히 50%를 넘지 못하고 있다.

그러나 세 신문은 표제 내용에서는 현저한 차이점을 보인다. 독자
들은 여기서 신문 편집의 그림이 지면 구성뿐만 아니라 현실의 내용
까지도 다르게 보도하고 있다는 사실을 알 수 있다. 예컨대 『조선일
보』의 편집은 〈자료 5〉에서 보다시피 두 전직 대통령이 법정에 함께

선 것을 강조하고 있다. 그리고 그 공판에서 나온 검찰과 변호인단의 주장을 똑같은 비중을 두어 표제로 작성했다. 한편 『동아일보』는 〈자료 6〉처럼 12·12의 두 주역 전두환-노태우 씨가 역사 앞에 섰다는 점을 부각시키면서도 검찰과 변호인의 주장을 역시 같은 비중으로 표제 처리하고 있다. 한편 『한겨레』의 표제는 〈자료 7〉에서 볼 수 있듯이 '성공한 쿠데타'가 법정에 섰다는 사실을 크게 강조하고, 변호인단 주장을 검찰의 말을 빌려 부정적으로 보도하고 있다.

공판을 바라보는 『조선일보』와 『동아일보』 그리고 『한겨레』의 시각이 지면 그림에 그대로 드러나고 있는 것이다. 그 그림에 따라 독자들의 시각 또한 자신도 모르게 세 신문의 편집 시각에 동화된다 해도 지나친 말은 아니다. 가령 객관성을 가장한 신문 표제에 따라 전두환-노태우의 역사적 재판을 검찰과 변호인의 주장에 동등한 가치를 부여하며 동렬선상에 놓고 읽게 된 독자들은 마땅히 엄벌을 받아야 할 피고인들이 자칫 '정치적 희생양'이라는 오해를 갖게 될 위험성이 있다.

역사적으로 의미 있는 사건이기에 한결같이 1면 머리기사로 편집해도 신문사의 의지에 따라 얼마든지 다른 그림이 가능하다는 것은 2002년 9월 18일자 신문들을 보아도 확연히 드러난다.

〈자료 8, 9, 10, 11〉에서 보듯이 네 신문은 모두 2002년 9월 17일에 있었던 조선민주주의인민공화국과 일본 사이의 역사적인 첫 정상회담을 1면 머리기사로 편집했다.

〈자료 8〉 한겨레, 2002년 9월 18일자 1면 · 〈자료 9〉 중앙일보, 2002년 9월 18일자 1면

〈자료 10〉 동아일보, 2002년 9월 18일자 1면 · 〈자료 11〉 조선일보, 2002년 9월 18일자 1면

네 신문을 각각 받아본 독자들에게 '조-일 정상회담'이라는 실재 reality에 대한 인식은 상당히 다를 수밖에 없다. 모두 1면 머리기사로 편집했지만 무엇을 표제로 구성하느냐에 따라 현저한 차이가 있는 것이다.『한겨레』가 두 나라 사이의 첫 정상회담과 수교 교섭에 비중을 둔 반면『중앙일보』『동아일보』『조선일보』로 가면서 점점 김정일 위원장의 부정적 모습이 더 부각된다.

거듭 강조하지만 여기서 주목할 것은 어떤 편집이 옳다, 그르다는 것을 떠나 신문들이 한 가지 사실에 대해 분명하게 다른 세계를 보여 준다는 점이다.

앞서 살펴본 지면들은 1면을 편집하는 편집기자나 편집부장의 가치판단 영역을 떠나 있다고 보아야 한다. 그 신문사의 조직적 판단으로 읽어야 옳다. 각 신문 1면의 주먹만한 표제 글자가 기사를 읽어가는 독자들에게 선입견을 주입할 것은 물론이다. 그런 보도 양태가 지속될 경우 특정 신문의 편집 틀이 독자들의 뇌리에 박히게 된다. 편집 시각의 차이가 비단 어느 날 하루에 그치지 않고 매일매일 그 신문을 정기구독하는 독자들의 현실 인식에 지속적으로 영향을 끼치기 때문이다.

한 신문만을 구독하며 그 신문의 보도대로 삶의 현실을 인식할 때 그 신문의 편집 방향에 독자들은 세뇌될 수밖에 없다. 이는 물방울이 한 방울 한 방울 계속 떨어져 마침내 바위를 뚫는 이치와 같다.

3. 신문 편집의 '3원색'

우리는 앞에서 신문 편집이 현실의 그림이고, 그 그림이 신문 지면을 통해 구체화된다는 것을 살펴보았다. 〈자료 4, 5, 6, 7, 8, 9, 10, 11〉에서 확연히 드러나듯이, 신문 편집의 현실 그림은 크게 세 가지 요소로 이루어진다. 기사와 표제와 사진(도표·삽화·그래픽 포함)이 그것이다.

실제 그림에 비유하자면 기사와 표제 그리고 사진을 일러 신문 편집의 3원색이라 할 수 있다. 기실 편집이란 그 세 가지 '색깔'을 배합하여 지면 위에 하루하루 그날의 현실을 그려나가는 것이다. 물론 그중의 으뜸이 표제임은 두말할 나위 없다.

그렇다면 신문 표제란 구체적으로 무엇이며, 왜 신문 표제를 으뜸이라 하는 것일까. 이미 언급했듯이 신문 표제란 흔히 말하는 제목과 다르다. 이는 영어권에서도 마찬가지이다. 통상 제목을 의미하는

타이틀title이나 캡션caption과 구별하여 신문 지면의 제목은 헤드라인 headline이라고 한다. 신문 표제를 쓰는 기자를 헤드라이너headliner라고 부르는 것도 같은 어원이다. 헤드라인은 말뜻 그대로 '머리 부분에 놓인 글'로서, 기사의 종합이자 결정結晶이라고 말해진다.

표제表題라는 한자어의 뜻 역시 단순히 어떤 글을 추상적으로 요약하거나 상징적으로 드러내는 제목題目의 의미와는 다르다. 구체적으로 무엇을 표현한다는 의미가 함축되어 있다. 일본의 언론계에서는 '미다시'라는 말을 사용한다. 이 말 또한 견출見出, 곧 많은 것 중에서 나은 것을 뽑아낸다는 뜻을 지니고 있다.

신문 표제란 제목과 달리 기사를 종합하는 한편 역동적이고 구체적으로 그것을 드러내주어야 한다. 앞에서 예로 든 전두환-노태우 재판 기사의 경우, 그것이 신문기사나 표제가 아니라면 그 글의 제목은 당연히 '전두환-노태우 재판' 정도가 될 터이다. 그러나 이는 그 사건의 주제를 제시할 뿐 결코 표제가 될 수 없다. 「전-노씨 역사 앞에 서다」라든가 「성공한 쿠데타 법정에 서다」 등이 바로 표제다.

표제 작성에서 가장 주의할 대목은 현실을 감각적 언어로 리얼하게 담아내되 결코 품위를 잃지 말아야 한다는 점이다. 〈자료 12〉를 보자.

1991년 제41회 세계탁구선수권대회에 출전한 남북단일팀이 결승전에서 마침내 중국을 꺾은 사실을 편집한 지면이다. 표제 「뭉쳤다 싸웠다 이겼다」는 줄리어스 시저가 남긴 유명한 말 "왔노라 보았노

〈자료 12〉 동아일보, 1991년 4월 30일자 19면

라 이겼노라"를 연상시키는 압축적 표현이다. 물론 취재기자가 보낸
기사에는 이런 표현이 없다. 더구나 당시 단체우승의 주역인 북쪽의
유순복 사진을 과감하게 올리고, 사진 제목까지 이례적으로 '영웅 유
순복'으로 달았다. 바로 아래에는 「통일의 효과 입증 분단시대 극복
의 값진 교훈」을 컷 표제로 달아 역사적 의미를 돋보이게 평가해주
고 있다. 물론 이 표제 또한 기사의 전체적인 분위기보다 한 발 앞서
나간 편집자의 작품이다.

〈자료 13〉 한겨레, 1994년 7월 10일자 9면

비슷한 지면 구성으로 〈자료 13〉을 들 수 있다. 1994년 7월 김일성 주석의 사후 북쪽 사회의 분위기를 압축적으로 표현한 지면이다.

당시 대부분의 신문이 '집단 히스테리'니 '정신발작증'으로 북쪽 분위기를 편집한 것에 비추어본다면 대단히 파격적인 표제 구성이며, 사진도 돋보이게 편집되었다.

〈자료 12, 13〉에서 볼 수 있듯, 주 표제는 10자 이내가 바람직하다. 짧은 표현으로 현실을 꿰뚫어볼 수 있는 표제여야 하되 누구나 알 수 있는 쉬운 언어를 사용해야 한다. 한칼에 승부를 내야 하는 것이다.

신문을 눈여겨본 독자라면 강렬한 인상으로 기억에 오래 남는 표

〈자료 14〉 동아일보, 1991년 6월 18일자 체육면

제가 있을 것이다. 〈자료 14〉를 보자. 남북이 단일팀 '코리아'로 세계
청소년축구대회에 나갔던 1991년 6월 코리아팀은 2차전에서 아일
랜드를 맞아 선전했지만 선제골을 허용하여 8강 탈락의 위기에 몰렸
다. 그런데 후반 45분이 다 지나고 모두가 체념할 로스타임에 마침
내 동점골이 터졌다.

　이를 '글짓기 제목'식으로 구성한다면 '한국–아일랜드전'쯤이 될
것이다. 그러나 표제라면 극적인 감동을 온전히 전달해주어야 한다.
현장감을 최대한 표제에 살려야 함은 물론이다. 아일랜드와 무승부
라는 것은 모두가 알고 있는 사실이고, 같은 날 신문 1면의 사진 표
제로도 나갔기 때문에 체육면의 표제는 경기 내용에 집중돼야 했다.

그런 고민 끝에 나온 표제가 「전광판 시계는 멎었지만 / 코리아 투혼은 꺼질 줄 몰랐다」이다.

물론 이런 표제는 체육면에서만 가능한 것은 아니다. 사회면에 출고된 다음과 같은 기사를 예로 들어보자.

1군과 3군의 사령관을 비롯한 군 장성들의 공관이 최고 1만 4천 평이나 되는데다 민간인 주거지역에 자리잡고 있어 도시계획사업이 미뤄지는 등 지역개발이 차질을 빚자 해당 지역 주민이 공관 이전을 요구하고 나섰다. 26일 강원도 원주시 태장동 일대 주민에 따르면 태장국교 뒤쪽 2만2천여 평의 터 위에 들어 있는 1군 사령관을 비롯해 부사령관 기타 장성들의 공관 때문에 이 지역 개발이 20여 년 이상 제약받고 있다는 것이다. 이들 군장성들의 공관 터는 1군 사령관의 공관이 자그마치 1만4천여 평에 이르는 것을 비롯해 부사령관 공관이 2천4백여 평, 부사령관 공관이 2천4백여 평, 기무부대장 등 기타 장성들의 공관터가 모두 6천여 평에 이르는 것으로 밝혀졌다. (…) 1군 사령부 장성들의 공관은 창설 당시 1천여 평 정도였으나 61년 5·16쿠데타 이후 급격하게 늘어나기 시작해 현재에 이른 것으로 알려졌다.

이 기사를 간결하게 압축한 표제를 생각해보자. 흔한 표제로 한다면 이 또한 '군장성들 공관 터 너무 크다' 정도로 표현할 수 있겠다. 그러나 편집자라면 좋은 기사에는 그에 걸맞은 표제를 달고 싶어 하

〈자료 15〉 한겨레신문, 1993년 8월 27일자 사회면

기 마련이다. 문제는 시간이다. 표제란 글자 수도 한정되어 있지만
무엇보다 마감시간이 있어서 오래 생각할 겨를이 없다. 편집자들이
줄담배를 피운다거나 온통 얼굴을 찌푸리고 있는 건 데드라인은 다
가오는데 마음에 드는 표제는 떠오르지 않을 경우가 대부분이다.

결국 대다수 표제가 시간에 쫓겨 구성되는 게 엄연한 현실이기에,
편집에는 만점이 없다는 말이 나온다. 윤전기에 신문이 돌아갈 때서
야 무릎을 탁 치는 경우도 허다하다. 어쨌든 그 기사의 주 표제는「별
나게 큰 '별들의 집'」이다. 여기서 '별나게'라는 말은 이중적 의미를
지닌다. '별난'이라는 뜻과 '별(장성)이 나왔다'는 뜻을 함축하고 있다.
비교적 편집자가 스스로 만족했을 법한 표제이다.

이러한 예는 무수히 많다. 1980년대 중반 캄보디아 내전을 다룬 영화 〈킬링필드〉가 국내에 개봉되었을 때 사전심의에서 잔혹한 장면을 담은 필름들이 상당 부분 잘려나갔다. 〈대학살〉이라는 제목으로 상영되었지만, 원작의 생생한 화면이 반감되었다는 지적이 제기되고 있다는 기사가 있었다. 그 기사의 표제로는 무엇이 적합할까?「심한 칼질 학살된 '대학살'」이라는 표제가 좋은 평가를 받았다.

신문 표제의 중요성은 그것이 근본적으로 기사의 성격을 규정한다는 점에 있다. 가령 우리가 사물들에 이름을 붙이는 까닭은 무엇일까. 언어학자들은 그 사물을 지배하려는 의지로 풀이하고 있다. 신문기사의 표제 또한 마찬가지가 아닐까.

흔히 한 신문기사의 생명력이 표제에 따라 좌우된다고 할 만큼 표제는 해당 기사에 결정적인 구실을 한다. 표제는 기사에 대한 가치판단을 함축하고 있기 때문에 엄밀한 의미에서 표제 작성이란 깊은 철학적 성찰까지 요구한다.

편집부 기자들이 '주먹만한 글자로 써나가는 기사'인 신문 표제는 기사의 전체 내용을 함축적으로 담고 있을 뿐만 아니라 그 기사가 읽히는 해석의 틀을 제공해준다. 언론학자 반 다이크Van Dijk는, 표제란 신문의 '거시진술macroposition'로서 기사의 해석 방향까지도 설정하는 중요한 구실을 한다고 말한 바 있다.

이는 앞에서 살펴본 전두환-노태우 재판을 보도하는 『조선일보』와 『동아일보』 그리고 『한겨레신문』의 1면 표제를 보아도 드러나지

〈자료 16〉 중앙일보, 1989년 10월 16일자 체육면

만(〈자료 5, 6, 7〉 참조) 남북의 체육 경기를 보도하는 편집에서 매우 확실히 나타난다.

　가령 〈자료 16〉 〈자료 17〉은 1990년 이탈리아 월드컵축구대회 아시아 최종예선전을 보도한 신문 지면이다. 당시 싱가포르에서 열린 이 대회에서 남과 북은 경기를 치렀다. 경기가 열리기 전날 선수단의

〈자료 17〉 동아일보, 1989년 10월 16일자 체육면

표정을 보도한 『중앙일보』 기사와 표제는 섬뜩한 느낌까지 준다. 축구경기가 아니라 마치 전쟁 속보를 방불케 한다.

더구나 이 시점은 잘 알다시피 노태우정권이 공안정국을 조성하여 남북관계도 몹시 경색국면에 처해 있던 때였다.

그러나 〈자료 17〉을 보자. 기사 자체는 『중앙일보』 기사와 거의 동일하지만 독자가 신문에서 받는 인상은 『중앙일보』와 전혀 다르다. 독자들은 『중앙일보』의 편집에서 철저히 북쪽에 대한 적대감에 사로잡힌 편집자의 시각을 읽을 수 있어야 한다. 마찬가지로 『동아일보』의 편집에서는 남과 북 사이의 대화와 민족동질성을 우선하려는 편집자의 노력을 읽을 줄 안다면 자신이 상당한 수준의 독자라고 여겨도 무방할 성싶다. 편집의 중요성을 여실히 드러내주는 실례가 아닐 수 없다.

예를 하나 더 들어보자. 68~69쪽의 〈자료 18〉과 〈자료 19〉의 기사 역시 비슷하다. 먼저 『조선일보』의 기사는 다음과 같다.

한국 아이스하키가 북한을 제압, 동메달을 추가했다. 한국팀은 13일 쓰키사무 실내링크서 벌어진 제2회 동계 아시안게임 아이스하키 최종 경기서 북한을 6 대 5로 제치고 1승 2패를 마크, 일본 중국에 이어 3위에 입상했다. 당초 열세가 예상됐던 한국팀은 이날 필승의 정신력으로 똘똘 뭉쳐 1p 초반부터 파상적인 공격을 펴던 중 3분쯤 첫 골을 성공시키면서 기세를 높였다.

같은 사실을 전하는 『동아일보』의 기사 역시 크게 다르지 않다.

아이스하키 남북대결에서 한국이 예상을 뒤엎고 6 대 5로 승리, 동계 아시아경기 동메달을 획득했다. 한국팀은 13일 삿포르 쓰기사무 실내 링크에서 열린 북한팀과의 경기에서 초반 수비치중에 기습공격작전이 적중하면서 승세를 타기 시작, 한 차례의 동점도 허용하지 않고 경기를 끝냈다. 한국팀은 이로써 북한팀과의 대표대결에선 3승 1패로 앞섰다.

〈자료 18〉 조선일보, 1990년 3월 14일자 체육면

두 신문의 기사는 남과 북의 '대결' 양상에만 시선을 고정하여 보도했다. 그러나 두 신문의 인상은 너무나 대조적이다. 바로 이것이 편집의 '마술'인 셈이다.

그렇다면 『동아일보』의 편집자는 어떤 근거로 기사와 달리 「남북한 빙구 명승부 연출」이라는 표제를 내세울 수 있었을까? 아무런 근거도 없이 과연 그것이 가능한가. 물론 아니다. 당연히 근거가 있어

<자료 19> 동아일보, 1989년 10월 16일자 체육면

야 한다.

　문제의 빙구(아이스하키) 경기는 많은 스포츠팬들의 관심을 끌었으
며 이에 따라 텔레비전을 통해 생중계되었다. 편집자 또한 편집국 편
집부에 앉아 생중계로 경기를 관전할 수 있었다. 이때 편집기자는 곧
경기가 끝나면 자신에게 넘어올 기사가 어떻게 쓰일까 예상하며, 표
제 구성도 염두에 두고 경기를 지켜보게 된다. 텔레비전으로 보더라

도 남과 북의 빙구 경기는 처음부터 끝까지 관중은 물론 시청자들을 매혹할 만큼 박진감 있었다. 그런데 경기가 끝난 뒤 15분 가량이 지나 일본 현장에서 취재 데스크를 지나 편집기자의 책상으로 넘어온 기사는 위에서 보았듯이 '남북대결'에서 북쪽을 이겼다는 점에 중점을 두고 있었다. 이때 지나친 대결적 관점이 옳지 않다고 보는 편집기자라면 고민하지 않을 수 없게 된다. 이런 상황에서 경기 기사 밑에 배치될 '낙수기사' 가운데 편집기자의 눈길을 끌 만한 내용이 있었다. 낙수落穗란 주된 기사의 주변상황을 담은 기사로서 통상 기사 뒷부분에 1단 정도로 작은 제목을 붙여 편집되는 토막 기사를 말한다. 편집자의 눈에 띤 낙수기사는 다음과 같았다.

남북한 아이스하키 대결은 격렬할 것이라는 당초 예상보다 부드러운 분위기에서 가장 모범적인 경기라는 평가를 받았다. 60분간의 경기에서 양 팀은 9개의 반칙(한국 6, 북한 3)을 범했는데 이는 북한과 일본 경기에서 나온 34개에 비하면 25개나 적은 것. 남북한 선수들은 경기 중 불가피한 보디체킹에도 과열되지 않고 자제하는 모습이 역력했으며 과거보다 우호적인 자세로 경기를 했으나 승패만은 양보할 수 없어 스피디한 경기로 관중들의 탄성을 자아내게 했다. 특히 경기가 끝난 뒤 양 팀 선수들은 링크 중앙에 모여 일일이 악수를 나눠 양측 응원단의 박수를 받았다.

이 낙수기사는 취재기자와 다른 편집기자의 시각과 판단을 충분히 뒷받침해줄 만한 기사다. 그리하여 주저 없이 주 표제를 「남북한 빙구 명승부 연출」로 작성할 수 있게 된 것이다. 낙수기사는 주경기 기사 밑에 「경기 끝난 후 우호적인 악수…관중들 갈채」란 2단 표제로 편집되었다.

한 가지 더 눈여겨볼 대목은 『조선일보』 기사에서 '한국팀의 필승의 정신력'이 당초 열세가 예상되었던 '남북대결'을 승리로 이끌었다는 부분이다. 그러나 이는 다분히 취재기자의 의도가 담긴 주관적 작문에 지나지 않는다. 왜냐하면 당시 북한팀은 주전 선수 2명이 이 경기 전에 있었던 일본과의 경기에서 난투극을 벌여 출전금지를 당한 상황이었기 때문이다. 신문기사가 사실을 사실대로 전하지 않는다는 점, 그리고 표제에 따라 기사의 성격이 완연히 달라질 수 있다는 점을 새삼 재확인할 수 있는 사례라 하겠다.

이와 같이 표제와 기사 및 사진으로 편집기자는 자신에게 맡겨진 한 지면을 구성한다. 지면 구성이란 한 지면을 여백 없이 표제와 기사 및 사진들로 맞추어야 한다는 점에서 지면 설계, 곧 지면의 공학이라 할 수 있다. 그러나 더 중요한 것은 지면 자체가 현실의 재구성이라는 점이다.

편집기자는 날마다 가로 $39cm$ 세로 $54.5cm$의 백지 위에 그날의 주요 기사와 사진을 갖고 정치 현실이나 사회 현실의 그림을 그려나간다. 물론 그 그림은 예술가적 상상력이나 영감에 의존하는 게 아니라는 점에서 냉정한 지면 설계를 요구한다. 기사 하나 하나, 사진 한 장 한 장, 표제 하나 하나마다 정확한 가치판단을 담아야 한다. 기사·사진·표제라는 편집의 3원색으로 그림을 그려가지만, 그 그림을 그려가는 정신은 다름 아닌 가치판단이다. 가치판단을 지면에 담아내는 신문의 최전선, 바로 그곳이 편집국 편집부이다.

4. 편집국의 심장
—편집부

　흔히 언론계에서 편집부를 '편집국의 심장'으로 비유한다. 사람 몸 속의 모든 피가 심장에 모인 다음 다시 모든 기관에 보내지듯이, 모든 기사가 편집부로 모아져 편집된 다음 인쇄 과정에 들어가 모든 독자에게 보내지는 까닭이다.

　따라서 편집부는 어느 신문사든 '수석 부서'라는 말을 듣는다. 실제로 모든 신문의 조직기구표에서 볼 수 있듯이 편집부는 가장 맨 위에 자리하고 있다. 편집부 안에 정치·사회·경제·여론·문화 등 각 지면을 맡고 있는 기자들이 있기에 편집부는 사실상 '축소된 편집국'이기도 하다. 어느 신문사든 편집부는 편집국의 가장 한가운데 자리잡고 있으며, 편집부장의 책상과 편집부국장, 편집국장의 책상은 가장 가깝게 일직선으로 배치되어 있다.(일부 신문이 편집국장 아래 부문별 편집장을 두는 '에디터 체제'를 도입하고 있지만 그 체제에서도 각 부문별 편집장 아래 편집의 임무는 살아있을 수밖에 없다).

국장이 주재하는 오후 2시 편집회의가 끝나면, 편집부장은 편집부 기자들을 데스크 자리로 불러모아 그날의 주요 지면 내용을 알려주는 편집부 회의를 갖는다. 이 회의를 통해 편집부 기자들은 그날 신문의 분위기를 감지하게 되고, 각자가 맡고 있는 지면에 기사들을 어떤 방향으로 편집할지 자기 나름의 호흡을 가다듬게 된다. 지면의 유기적 조화가 이렇게 해서 가능해진다. 이때 정치면이나 사회면의 경우 머리기사가 무엇인지 결정되지만, 나머지 기사나 사진 처리는 전적으로 그 면을 편집하는 편집기자의 몫이다.

따라서 각 지면별 편집기자가 자기 지면에 무한책임을 지게 된다. 표제의 착오나 잘못은 물론이고 심지어 인쇄되어 나오기까지 일어나는 모든 과정이 편집기자의 책임이다. 그러나 편집기자들이 과중한 책임에만 짓눌려 있는 것은 아니다. 무릇 모든 책임에는 권한이 전제되게 마련이다. 그렇다면 편집기자의 권한은 무엇일까. 한국편집기자회는 이를 8가지로 정리하고 있다. 기사의 취사선택권, 원고첨삭권, 기사배정권, 제목결정권, 조판권, 강판권, 개판권, 호외발행권이 그것이다.

분명한 것은 편집부 기자의 주요 과제가 표제 작성에만 있지 않다는 점이다. 자신이 맡은 지면에 들어갈 기사들을 선택하여 원고를 다듬고 여기에 표제를 달아 조판하여 윤전부로 넘기는 지면 제작의 일체 권한을 갖고 있는 것이다. 이는 표제 작성과 지면 구성권으로 간

추려진다. 지면 구성이란 표제와 기사 및 사진으로 한 지면을 빈틈없이 채우는 작업으로 편집기자의 핵심적 권한이다.

편집기자가 백지 위에 표제·사진·기사를 어떻게 배치할 것인지 색연필로 그리면 그 그림을 보고 제작국에서 조판組版을 한다. 편집기자가 머릿속에서 구상한 지면 구성이 조판을 통해 물리적으로 구체화되는 것이다. 물론 이 조판 과정에서 편집기자는 자신이 넘긴 그림대로 조판이 이루어지는지 조판작업을 확인하며, 조판이 완성된 다음 윤전부에 넘기는 강판降版 역시 편집기자의 승인이 있어야 한다. 조판과 강판을 거쳐 편집기자가 백지 위에 구성한 지면 설계는 비로소 신문 지면이 되어 나온다.

여기서 과연 편집기자는 어떤 기준과 원칙 아래 지면 구성을 할까라는 물음이 제기될 수 있다. 결론부터 말하면 그 핵심 기준은 취재부장이 넘긴 기사들 가운데 어느 기사가 더 가치 있고 어느 기사는 빠져도 되는지에 대한 편집자의 가치판단력이다. 편집기자가 가치가 있다고 생각하는 기사가 지면을 더 많이 점유할 것은 당연한 일이다. 표제 작성에서도 기사 가운데 어떤 내용을 주표제로 드러낼 것인지가 중요하며, 여기에 편집자의 가치판단이 들어갈 수밖에 없다. 뉴스가치news-value 판단이야말로 편집의 생명이다. 편집이 철학인 까닭도 여기에 있다.

따라서 신문 편집을 일러 메이크업이라 하는 것은 문제가 있다. 신문을 화장술에 비유한 이 용어는 올곧은 가치판단을 중시하는 편집자들에게 거부감을 준다. 일반적으로 우리 언론계에서 지면 구성을 레이아웃lay-out이라 부르는 이유도 여기에 있다. 이 단어는 설계·기획의 뜻을 가지고 있고, 구어로는 '설비가 잘 된 저택'을 의미한다.

이처럼 신문 편집을 '저택을 짓는 일'에 비유한다면 그 기둥은 다름 아닌 지면의 단段이다. 바로 이 단을 통해 기사에 대한 편집기자의 가치판단이 구현된다. 우리가 흔히 '4단 기사'라든가 '1단 기사'라고 말하듯이 기사의 등급은 대부분 단을 통해 이루어진다.

단과 표제는 사실상 편집에서 유기적 관계에 있다. 표제의 가치판단이 표제의 선택 자체에 이미 들어가 있지만, 동시에 표제의 크기로도 가치판단을 드러내기 때문이다. 표제의 크기가 단을 기준으로 함은 물론이다.

현재 발행되고 있는 신문은 모두 가로짜기로 바뀌어져 7단 또는 8단으로 구성되어 있다. 그러나 이 또한 영구불변인 것은 아니다. 가령 1896년 창간된 독립신문은 3단 구성이었다.

지면 구성은 바로 이 단을 밑그림 삼아 표제·기사·사진의 3원색으로 현실의 그림을 그려나가는 작업이다. 하얀 지면 위에 삶의 현실을 그려나가는 편집자를 '붓과 물감을 가지고 화판 앞에 선 화가'에 비유하는 것도 그런 까닭이다. 실제로 지면의 미적 구성은 편집자에게 요구되는 과제 중 하나다. 지면을 아름답고 보기 좋게 편집해야 독자의 눈길을 끌 수 있기 때문이다. 한국편집기자회는 지면 구성의 기본 원칙으로 균형·비율·조화·대조·리듬·활자 선택·여백의 7가지를 제시하고 있다. 물론 신문을 읽는 데 지면 구성의 미학까지 깊이 알 필요는 없다. 다만 편집에도 미적인 고려가 있어야 하고, 이러한 미적 구성이 언론이 상업화하면서 점점 더 강조되고 있다는 점은 기억해둘 필요가 있다. 그러나 한때 편집기자들 사이에 널리 화제가 되었던 미국 언론학계의 'KISS(Keep It Simple and Short)론'이 시사하듯, 뉴스의 가치가 우선이므로 그에 걸맞게 지면을 '간명하고 알기 쉽게' 편집해야 한다. 사실 지면의 미적 구성이란 'KISS'만으로 충분할지 모른다. 문제는 가치판단이며 그에 걸맞게 단을 부여해야 한다.

이에 실패한 대표적 사례 두 가지만 들어보자.

1987년 1월 14일. 서울대생 박종철(당시 21세) 씨가 당시 치안본부의 남영동 대공분실에 끌려가 경찰의 고문을 받던 중 숨진 사건이 일어났다. 이 역사적 사건을 '특종 보도'한 『중앙일보』(〈자료 20〉)를 보면 당시 이 기사가 사회면 2단 기사로 궁색하게 처리된 사실을 발견할 수 있다. 이는 명백한 편집의 실패가 아닐 수 없다. 박종철 씨 고문치사 사건 보도는 경쟁지에 특종을 빼앗긴 『동아일보』의 주도로 차츰 커져 나흘 뒤에는 1면 머리기사까지 올라갔으나, 『동아일보』 또한 제1보는 사회면 중간기사였다.

편집의 실패를 극명하게 보여주는 또 다른 예는 14대 총선을 앞두고 현역 육군 중위가 양심선언한 '군부재자투표 부정사건'이다. 당시 이 사건을 보도한 『한겨레』와 『조선일보』를 보면 동일한 기사가 신문에 따라 얼마나 큰 차이가 벌어지는지 뚜렷하게 알 수 있다.

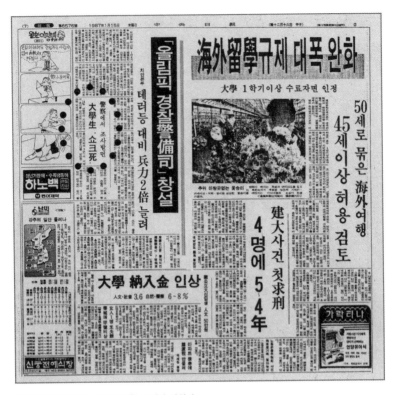

〈자료 20〉 중앙일보, 1987년 1월 15일자 사회면

    한 신문은 이를 1면 통단 표제 아래 실은 반면에 다른 신문은 제2 사회면에 보일락 말락 1단으로 편집했다. 독자가 편집을 읽어야 할 까닭이 바로 여기에 있다. 아무리 중요한 사건이라도 편집에 의해 사라지거나 축소되면 없거나 작은 현실이 되고, 그리 크지 않은 사건도 편집에 의해 부풀리면 엄청난 의미로 받아들여지는 것이 현대 대중 사회의 현실이다.

〈자료 21〉 한겨레신문, 1992년 3월 23일자 1면

〈자료 22〉 조선일보, 1992년 3월 23일자 사회면

그런 문제점이 가장 극명하게 드러난 사례로 2002년 11월 28일자 『조선일보』의 1면 편집을 들 수 있다. 신문 표제와 기사에서 드러나듯이 『조선일보』는 "조지 W. 부시 미국 대통령이 27일, 주한 미군 장갑차에 의해 지난 6월 심미선(14)·신효순(14) 양 등 한국 여중생 2명이 사망한 데 대한 사과의 뜻을 유가족과 한국 정부, 그리고 한국 국민에게 전해줄 것을 요청했다고, 토머스 허버드 주한 미국 대사가 밝혔다"는 소식을 국내의 어떤 신문보다 부각해서 편집했다.

그런데 『조선일보』는 정작 두 여중생이 2002년 6월 13일 비극적으로 온몸이 짓이겨진 채 숨진 참사를 바로 다음날 단 한 줄도 보도하지 않았다. 미국 대통령의 사과를 받아낼 만큼, 그리고 그 사실을 1면의 머리기사로 보도할 만큼 가치가 있다고 편집했으면서도 정작 그런 사과가 나온 사건에 대해서는 일주일이 지나도록 단 한 줄도 편집하지 않은 사실은 누가 보더라도 명백한 편집의 실패요, 독자에 대한 기만이 아닐 수 없다.

더구나 2002년 11월 28일자에 『조선일보』가 보도한 조지 부시의 사과는 직접 사과도 아닌 간접 사과로서 그 기사의 끝 대목을 읽어보면 그 의도가 다분히 국내에 타오르는 분노의 불길을 잠재우려는 것이었음을 쉽게 알 수 있다.

한편 이번 사건과 관련돼 무죄평결을 받은 장갑차 관제병 페르난도 니노 병장과 운전병 마크 워커 병장은 이날 오전 별도의 사과성명을 발

〈자료 23〉 조선일보, 2002년 11월 28일자 1면

표, "비록 본의 아닌 사고로 인한 비극일지라도 우리는 죄책감에 몸둘
바를 모르겠다"며 "따님들을 잃은 가족의 슬픔과 고통에 진심으로 사과
드린다"고 말했다. 이들 2명은 사과성명을 낸 뒤 이날 오후 2시 오산미
공군기지에서 출국했다.

따라서 신문을 읽을 때 마주한 지면의 편집을 그대로 따라간다면, 독자들이 자신도 모르게 그 지면을 구성한 편집자의 가치판단을 수용하는 셈이다. 현실적으로 편집자들이 별다른 문제의식 없이 그저 습관대로 표제 작성이나 지면 구성에 임하는 예가 적지 않다는 점 또한 유의해야 할 대목이다.

여기까지 이 책을 읽은 독자들은 이제 신문을 왜 기사가 아니라 편집이라고 하는지 조금은 이해했으리라 믿는다. 그러나 신문 지면에서 편집의 영역은 여기서 그치지 않는다. 보다 어둡고 깊은 세계가 비밀스럽게 지면 뒤에 감추어져 있다. 그 숨어 있는 세계로 한 발 더 들어가보자.

둘째 마당

지면은 평면이 아니라 입체다

1. 지면과 지면
   사이 읽기

　일반적으로 신문을 '하루의 세계축소도'라고 한다. 앞에서 우리는 그 축소도를 그리는 작업이 편집임을 살펴보았다.

　그런데 그 축소도는 결코 평면이 아니다. 그 안에 담겨진 여러 요소들은 각기 자기 범주 내에 평면적으로 갇혀 있는 것이 아니라 서로 유기적으로 얽혀 입체를 이룬다. 이를테면 하나의 정치적 사안이 단지 정치적 의미로만 그치지 않고 경제적 사회적 파장을 갖게 되듯이, 각 지면에 담겨 있는 현실들 역시 고립 단절되어 있는 것이 아니고 서로 긴밀하게 결합되어 있다. 우리들의 사회적 삶이 결코 몇 가지 단면만으로 재구성될 수 없는 '입체'이기 때문이다. 따라서 평면에 그려진 등고선을 통해 입체적인 산세山勢를 그려보듯, 신문의 지면 지면마다 반영된 우리의 사회적 삶 또한 그 연관의 고리들을 엮어가며 총체적으로 볼 수 있어야 한다.

지면을 입체로 읽어야 할 이유를 우선 신문의 면별 구성에서부터 찾아보기로 하자.

사실 신문의 면별 편집은 독자들에게 관심 있는 기사들을 쉽게 찾고 일목요연하게 보여준다는 점에서 긍정적 측면이 있다. 근대 언론사의 전개 과정을 보더라도 면별 편집은 종래의 유별類別 편집보다는 한 걸음 진전된 형식이다. 유별 편집이란『한성순보』나『독립신문』처럼 단수 개념과 같은 어떤 일관된 기준 없이 기사를 종류에 따라 단순히 나열하는 형태의 편집을 말한다. 하지만 1920년 창간된『조선일보』와『동아일보』를 보면 이미 편집형식에서 유별 편집의 틀을 완전히 벗어나 지금처럼 면별 편집이 이루어져 있음을 발견할 수 있다.

그러나 면별 편집은 그 자체가 뉴스를 담아내는 그릇으로서 많은 한계를 지니고 있다. 가령 대형사건이 터져 그 기사가 넘치는 바람에 꼭 들어가야 할 정치·사회 기사들도 빠지는 판인데, 별도로 체육면이 배정되어 있는 탓에 일상적인 프로야구 경기는 여유 있게 지면을 차지하는 식의 불균형 말이다. 또 신문 1면을 정치면으로 못박아 놓아서 별다른 뉴스거리가 없음에도 작문성 정당 기사나 행정 홍보 기사 따위로 채워지는 것이야말로 면별 편집의 전형적인 한계이다. 따라서 뉴스가치 판단이 지면 전체에 걸쳐 일관성을 갖게 하기 위해서는 면별 편집의 틀을 벗어나야 한다는 논의가 일어날 수밖에 없다. '종합 편집'론이 바로 그것이다.

종합 편집이란 지면과 지면 사이의 장벽을 허물고 1면을 중심으로 몇몇 지면들을 종합뉴스면으로 설정하여 그날의 중요한 사안들을 특정 성격의 지면에 국한하지 않고 기사 가치에 따라 편집하는 형태를 말한다. 한국편집기자회가 제시한 종합 편집의 목적과 원칙을 들어보자.

정치 외신 경제 사회 문화 등 각종 뉴스를 정치면 외신면 경제면 사회면 문화면으로 구분하여 게재하는 획일적인 면별 편집을 벗어나 전체 지면을 통해 유기적이고 신축적이며 일관성 있는 편집을 하려는 데 종합 편집의 목적이 있다. 면별로 한정된 지면의 취약성을 보완하고 종적 편집에서 횡적 편집으로 개혁함으로써 인쇄매체의 약점을 최대한으로 커버하는 기동성에 중점을 두고 있다. 1면은 종합 편집의 제1무대로서 가장 중요시되는 독립면이다. 그러므로 독자가 알고 싶어하는 일 중에 가장 큰 뉴스만을 골라 채워야 한다. 따라서 1면은 정치 경제 사회 스포츠 등 그날 취재한 모든 기사 중에서 취사선택하여 편집하며 나머지 기사는 다음 2, 3, 4면 등에 분산 계속시켜 지면 제작에 융통성을 가져오게 하고 그날의 큰 뉴스를 첫 면(제1면)에서 한눈에 파악할 수 있게 지면을 구성하는 것이 종합 편집의 원칙이다.

간단히 말해, 종합 편집이란 신문 각각의 지면을 특정 분야로 국한하지 않고 열어놓는 편집이다. 이미 미국과 서구 언론에서 오래전에 정착된 종합 편집은 1990년대부터 우리 언론계에 뿌리내리기 시작했다. 그 결과 1면이 정치면이라는 고정관념들은 상당 부분 깨어졌다. 사건기사는 물론이고, 다양한 기획기사들이 과감하게 1면 머리기사로 편집되기도 한다.

그러나 이런 '파격'조차 실상을 들여다보면 낡은 편집의 틀로부터 전혀 자유롭지 못하다는 문제점을 보인다.

가령『동아일보』가 1996년 10월 6일자에 느닷없이 1면 머리기사로 편집한 기사를 보자. 정치와 거리가 먼 이 기사는 그림을 3개나 삽입해『동아일보』로서는 상당히 파격적인 편집을 보였다. 그러나 문제는 이것이 대학문화 자체에 대한 심층진단이라는 편집적 고민의 결과라고 보기는 어렵다는 데 있다.

「고교 때 빛나던 내 딸 왜 이렇게 됐나」라는 표제를 달고 있는 이 1면 편집으로만 보면 서울대생 아버지가 '공부 안 하는 딸'의 모습을 질타한 것으로 인식하게 마련이다. 그런데 이 기사는『동아일보』가 보도하기 일주일 전에 서울대학교의 신문인『대학신문』이 1996년 9월 28일자에 게재했었다. 문제는『대학신문』에 실린「투고–내 딸의 학우들에게」라는 글의 말미가『동아일보』의 편집 분위기와 사뭇 다르다는 데 있다.

"너희들은 스스로를 어떻게 생각하고 있니? 이 썩은 세상에 대하여, 이 한심한 현실에 대하여, 이 암담하기만 한 미래에 대하여…. 애들아, 너희들은 전의를 느끼지 않니? 한판 대짜배기로 붙어보고 싶지 않니?"라며 호소하고 있음에도 이를『동아일보』는 보도하지 않았

〈자료 24〉 동아일보, 1996년 10월 6일자 1면

다. 전형적인 왜곡 편집이 아닐 수 없다. 일부 신문들이 시도하고 있
는 '종합 편집'이 이렇듯 그 본래의 의미에 걸맞게 구현되지 못하고
있는 셈이다.

편집기자들 스스로 종합 편집의 필요성을 강조하고 있음에도, 우
리 신문들은 여전히 면별 편집의 타성을 크게 벗어나지 못하고 있으

며 1면 머리기사 처리 또한 과거의 틀에 얽매여 있는 것이 현실이다. 1면 머리기사는 꼭 정치기사가 아니라도 그날 하루 기사 가운데 가장 중요한 것을 올리되, 그 비중이 크지 않다면 표제도 잔잔하게 구성해야 한다는 것이 종합 편집의 정신이다. 그러나 여전히 틀에 박힌 관급 기사 따위조차도 시커멓게 큰 먹글자로 부풀려서 편집하고 있다. 평소 같으면 겨우 1단 내지 2단 기사가 될 사소한 사건이 돌연 화려하게 과대 포장되어 1면 머리기사로 둔갑하기도 한다. 뉴스가치에 합당한 대우를 하지 않는 것이다. 이는 강조되어야 할 별다른 머리기사감이 없는 날에도 무슨 대단한 이슈가 있는 양 포장해 독자의 신문 구매를 유인하려는 얄팍한 상술이기도 하다. 더러는 아무런 가치도 없고 사실조차 분명하지 않은 기사를 특정한 편집 의도 아래 1면 머리기사로 부각하기도 한다.

가령 90~91쪽 〈자료 25, 26〉에서 보듯이 2001년 8월 22일과 23일 『조선일보』와 『중앙일보』는 8월 15일을 맞아 평양에서 열린 민족통일 대축전에 참석했던 남쪽 대표단에 대해 작심하고 '공격'하는 기사를 내보냈다.

이렇듯 사실 확인조차 되지 않은 무분별한 여론몰이는 전형적인 '마녀사냥'으로 결국 방북단 가운데 일부가 구속되기에 이르렀다. 얼핏 비정치적인 편집으로 보이지만 남북화해 정책을 비판하고 남남 갈등을 부추기려는 의도가 다분히 담겨 있는 '정치적 편집'이 아닐 수 없다.

〈자료 25〉 조선일보, 2001년 8월 22일자 1면

이런 신문들을 대하는 독자는 당연히 신문의 가치판단이 혼란스
럽게 보일 수밖에 없다. 그러니 신문들의 머리기사가 언제나 시커멓
게 과장되어 있어서 한국 사회가 냄비처럼 쉽게 끓었다가 쉽게 식고
만다는 지적이 나올 만도 하다.

〈자료 26〉 중앙일보, 2001년 8월 23일자 1면

　　앞서 본 사례들은 결국 우리 신문들의 편집이 기본적으로 면별 편

집의 한계를 크게 벗어나지 못하고 있다는 사실을 드러내준다. 어느

신문이든 한 신문의 편집 역량이 집중되는 1면 머리기사가 대체로

정부와 정당들을 중심으로 한 기사들로 채워지고 있고, 어쩌다가 '비

정치적 기사를 올려도 그것이 터무니없이 왜곡되거나 특정한 의도 아래 편집되고 있기 때문이다.

면별 편집의 가장 큰 문제는 정치·사회·경제·문화 현상들이 실제로는 밀접한 연관 속에 움직이고 있음에도 독자들이 그것을 각각 단절된 사건들로 인식하게 오도할 수 있다는 점이다. 이런 한계가 극복되지 못하고 있는 상황에서, 우리 독자들이 스스로 면별 읽기를 벗어나 입체적 독법을 갖출 필요는 더욱 절실하다. 지면과 지면을 넘나드는 입체적 읽기가 실체적 진실을 아는 데 얼마나 중요한지 그 실례를 노동쟁의 보도를 통해 한번 들여다보자.

한국 언론은 대부분 이를 '분규'라는 사건기사 차원에서 경찰서 출입기자들이 취재해 사회면에 보도하고 있다. 주로 범죄기사를 쓰는 사건기자가 취재하고 사건기사를 다루듯 편집함으로써 정작 왜 노동쟁의가 일어났는지, 또 노동자들의 요구사항은 무엇인지가 제대로 반영되지 않고 있다.

1994년 6월에 일어난 철도파업을 보도한『중앙일보』의 기사를 보면, 1면과 사회면은 물론 제2사회면을 보아도 왜 파업을 했는지, 노동자들의 요구는 무엇인지 알 수 없도록 표제가 작성되어 있다.(《자료 27, 28, 29》) 표제를 보면 철도가 마비되고 교통대란이 일어나 시민들이 짜증은 물론 분노를 일으켜 정부가 '전국 14곳 농성기관사'를 전원 연행한 것으로 그려져 있다.

그런데 진실은 과연 어떤가. 기사를 주의 깊게 읽어보면 경찰이 먼

〈자료 27〉 중앙일보, 1994년 6월 23일자 1면

저 기관사들을 불법적으로 연행했고, 그에 항의해 철도노동자들이
나흘 뒤인 6월 27일 예정된 파업을 앞당긴 것이 사태의 진실이었다.
그러나 편집은 진실과는 완전히 반대의 그림을 보여주고 있다. 문제
는 이렇게 전도된 편집이 노동문제를 바라보는 우리 신문들의 일상
적인 보도양식으로 굳어져 있다는 점이다.

〈자료 28〉 중앙일보, 1994년 6월 23일자 사회면

〈자료 29〉 중앙일보, 1994년 6월 23일자 제2사회면

〈자료 30〉 조선일보, 2001년 6월 13일자 1면

　〈자료 30〉에서 보듯이 21세기에 들어와서도 노동쟁의에 적대적인
편집은 전혀 변함이 없다. 가뭄과 파업이 아무런 관련이 없음에도 독
자들을 상대로 노동자들의 파업에 대해 부정적 이미지를 덮어씌우
고 있기 때문이다.

그래서 신문을 볼 때 표제를 맹목적으로 따라가는 것이 아니라 표제와 기사 사이, 그리고 기사와 진실의 차이점을 염두에 두면서 꼼꼼히 읽을 필요가 있다.

더구나 노동문제는 경제계의 움직임과 서로 유기적 관계에 놓여 있다. 대체로 노동쟁의 보도는 경제계의 동향을 전하는 경제면의 기사들과 연관지어 읽어야 사태의 진행 과정을 정확히 파악할 수 있다.

흔히 쟁의가 발생하면 경영진들은 자신들의 경영 상태에 대해 엄살을 떨며 쟁의로 인한 경제 손실 규모를 '보도자료'로 만들어 기자들에게 돌린다. 심지어 거액의 손해배상 소송을 내고 노동자들의 집과 월급을 가압류하는 일까지 서슴지 않아 2003년 1월에는 두산중공업의 50대 노동자 배달호 씨가 분신자살하는 비극적 사태가 일어나기도 했다.

그러나 기업들의 '손실' 주장을 제대로 판단하기 위해서는 경제면 기사들을 읽어야 함은 물론 경제면 하단에 실리는 주가 동향까지 연관지어 볼 수 있어야 한다. 대대적인 노동쟁의 국면에서 정부와 재벌들에 의해 경제위기론이 제기되고, 이것이 신문 지면에 대대적으로 보도되는 구조는 언제나 유의해야 할 대목이다.

'입체적' 신문 읽기를 잘하는 사람들은 역설적으로 증권투자 전문가들이다. 이들은 신문 지면 곳곳을 들춰가며 경제적 동향뿐만 아니라 정치권의 사소한 움직임이나 국제적 흐름에 촉각을 곤두세운다. 가령 반도체 가격이 치솟던 시기에 이들은 '반도체 공급 초과 예상'이라는 국제면 단신기사를 읽고 관련 주식을 서둘러 매도하여 주가 폭락의 피해를 최소화한다.

이렇듯 어떤 기사가 사회면이나 경제면에 실렸다고 해서 그 기사가 전부라고 생각하는 것은 올바른 신문 독법이 아니다. 특히 그 사안에 대해 관련이 있는 당사자들의 동향을 다른 지면까지 들춰가며 독자들 스스로 찾아보는 슬기도 갖춰야 한다. 대부분의 신문들이 관련기사가 어떤 면에 있다는 것을 기사 중에 알려준다. 그 관련기사들을 찾아 읽는 것도 물론 필요하다.

그러나 신문들이 알려주는 '관련기사'란 대체로 직접적인 관련이 있을 때로 국한되어 있다. 독자들은 이보다 한 걸음 더 나아가, 때론 문화면에 실린 최근 문학작품 경향 기사를 통해 사회 전반의 흐름을 엿보기도 하고, 새로운 정치세력을 만들어 나가려는 움직임을 노동운동이나 사회운동의 동향과 연관지어볼 수도 있어야 한다. 그러나 이를 각기 문화면이나 사회면 또는 정치면 기사들로 한정하여 읽는다면 그에 대한 깊이 있는 인식은 불가능할 것이다.

2. 신문 편집과 정치권력

　우리는 이미 첫째마당에서 신문 편집에 숨어 있는 취재와 편집의 역동적 관계를 살펴본 바 있다. 지금은 한결 조용해졌지만 과거 편집국 분위기는 어쩌다가 방문한 외부인들이 깜짝 놀랄 만큼 여기저기서 기자들이 돌아다니며 고성이 오가느라 시끄러웠다. 그 고성의 주역이 바로 편집자들이었음은 물론이다. 마감시간이나 기사가치에 대한 판단을 놓고 편집부와 취재부 간에 승강이가 벌어지는 것이다.

　그러나 갈등은 편집과 취재 또는 일선 기자와 데스크 사이에만 있는 게 아니다. 신문 지면에 단지 편집국 내부의 갈등관계만 존재한다면 한국의 신문들은 이미 오래전에 그 질이 높아졌을지도 모른다. 사실 취재와 편집 사이의 갈등이란 더 좋은 지면을 만들기 위한 과정인 측면도 있기 때문이다.

　문제는 신문 편집이 사회와는 동떨어진 어떤 외딴 섬에서 이루어지는 게 아니라는 점에 있다. 공정한 관찰자로서 사회 현실과 일정한 '객관적 거리'를 두고 있다는 이미지 때문에, 우리는 종종 신문 또한 사회 속의 존재라는 당연한 사실을 망각하곤 한다. 그러나 신문은 그가 속한 사회 속의 여러 상호관계로부터 자유로울 수 없다. 더 나아가 신문은 언제나 그 사회를 지배하는 권력과 긍정적이든 부정적이든 긴밀한 관계에 놓일 수밖에 없다. 이미 신문이 근대적 현상으로 처음 등장할 때부터 신문사와 정치권력 사이의 역학관계는 지면에 짙은 그림자를 드리우고 있었다.

나폴레옹 시대의 프랑스 신문 『모니퇴르』는 지금도 정치권력 앞에 신문 편집이 굴절된 고전적인 보기로 꼽히고 있다. 본디 『모니퇴르』는 프랑스혁명 과정에서 시민들을 옹호하는 편집을 함으로써 최대 일간지로 떠올랐다. 그러나 나폴레옹이 권력자로 떠오르자 이번엔 적극적인 나폴레옹 지지로 돌아섰고, 그가 민중의 기대를 배신한 채 황제에 오른 뒤에는 더욱 노골적으로 찬양에 나섰다. 나폴레옹이 엘바 섬으로 유배된 뒤 이 신문의 편집 방향은 무엇이었을까. 눈치가 빠른 독자라면 짐작했을 터이지만 나폴레옹에 대한 매서운 독설이었다.

그러나 1815년 3월 1일, 나폴레옹은 엘바 섬을 탈출해 20일 후 다시 파리로 돌아온다. 그 20일간 사태 전개 과정에서 보인 프랑스 최대 일간지 표제는 두고두고 화제가 되고 있다.

「살인마 소굴에서 탈출」

「코르시카의 아귀 쥐앙만에 상륙」

「괴수 카프에 도착」

「괴물 그레노블에 야영」

「폭군 리용을 통과」

「약탈자 수도 60마일 지점에 출현」

「보나파르트 급속히 전진! 파리 입성은 절대 불가」

「황제 퐁텐블로에 도착하시다」

「어제 황제 폐하께옵서는 충성스런 신하들을 거느리시고 튀틀리 궁전에 듭시었다」

『모니퇴르』의 이 '눈부신 변신'은 권력 앞에서 신문 표제가 얼마나 왜곡될 수 있는가를 '교과서'적으로 가르쳐주고 있다. 불과 20일 사이에 나폴레옹은 살인마에서 아귀로, 다시 괴수에서 괴물로, 이어 폭군에서 약탈자로 바뀐 뒤 이윽고는 보나파르트를 거쳐 황제 그리고 황제 폐하로 급속도로 변하고 있다.

세상에 이런 신문도 다 있는가? 그러나 섣불리 비웃지 말 일이다. 이런 사례가 비단 프랑스 언론사에서만 있는 게 아닌 까닭이다. 한국의 짧은 언론사에서도 권력에 의한 굴절은 숱하게 발견된다. 더구나 1980년대 한국 언론의 굴절은 부끄럽게도 나폴레옹 당시의 프랑스 언론 이상이었다. 실례를 보자.

〈자료 31〉 조선일보, 1995년 12월 4일자

　　〈자료 31〉은 1995년 당시 '5·18특별법 정국'에서 김영삼정권이
전격 구속한 전두환 전 대통령을 소개한 지면이다.『동아일보』는「전
두환 씨 인생역정－정치군인 영욕 끝내 철창으로」라는 주 표제 아래

"5·16 지지 후 박 대통령 총애로 출세"했다는 점을 부제로 부각하고 있다.

그러나 이는 15년 전 전두환 씨가 광주에서 시민들을 학살한 뒤 권력을 움켜잡았던 1980년 8월 『동아일보』가 전씨를 소개한 지면과 너무나 대조적이다. 『동아일보』는 전두환 대통령을 '새 시대의 기수'로 평가하고, 그가 정직하고 성실하며 '평범 속에 비범을 실천'하는 인물임을 표제로 편집하고 있다. 그뿐만 아니다. 문제의 기사 및 대목을 보자.

사소한 이해관계에 연연하지 않는 성품으로 항상 정의와 대국을 판단 기준으로 삼기 때문에 주위에서는 전 대통령을 추진력과 용단의 인물이라고도 부른다. (…) 전 대통령을 아는 많은 사람들은 그를 신념과 의지의 인물이라고 부른다. (…) 전 대통령의 리더십의 요체는 몸에 밴 서민의식이다. 야망이 없었기에 항상 소탈했다고 한다. (…) 청렴결백의 성품은 전 대통령의 또 다른 특성이다. 공화당 정권 18년 동안 군인으로서는 상당 기간 축재를 할 수 있었던 권력의 주변에도 있었으나 그는 물질적으로는 결코 썩지 않았다고 한다. 그것은 사치를 모르고 물욕을 초월한 그의 성격 때문이다. 사치스러운 외국제 물건을 전혀 모를 정도로 청렴결백한 생활로 일관했다.

물론 우리는 이 기사와 표제가 서슬이 시퍼렇던 군사정권의 집권

〈자료 32〉 동아일보, 1980년 8월 29일자

초기에 보도된 것임을 모르는 바 아니다. 군부의 사전 검열이 엄연히 존재했을 뿐만 아니라 군부에 의해 '저항적'이라고 판정된 언론인들이 대량으로 해직되는 시점이었다는 점을 감안할 필요가 있다. 그러나 아무리 그렇더라도 당시 제도 언론들 가운데 그래도 바른 소리를 한다는 '믿음'을 주고 있던 『동아일보』였던지라 충격은 더 크다. 전두환을 비판하라는 주문은 그 상황에서 무리한 요구일지도 모른다. 그러나 찬양을 하지 않는 '소극적 저항'은 얼마든지 가능했을 터이다. 단순히 충격을 주는 데 그치지 않는다. 전두환에 대한 『동아일보』의 적극적 '추파'는 수많은 독자들에게 체념을 안겨주었다. 이처럼 신문은 그 자신이 원하건 원하지 않건 정치적이다.

미국 건국 초기 토머스 제퍼슨은 야당 지도자로 파리에 체류했을 때 친구에게 보낸 편지에서 "모든 사람들이 신문을 받아보고 그것을 읽을 능력이 있다"는 것을 전제로 "만약 나에게 신문 없는 정부든가, 혹은 정부 없는 신문이든가, 그 둘 중 어느 것을 취하겠는가 하고 결단을 촉구한다면, 나는 일순의 지체 없이 후자를 선택할 것"이라고 언명한 바 있다. 물론 제퍼슨이 대통령에 취임한 뒤에는 신문을 신랄히 비판했던 사실도 신문의 정치적 성격을 한층 입증해주는 일화가 아닐 수 없다. 야당 지도자 아닌 미국 대통령으로서 그는 신문에 대해 앞의 예찬 못지않게 유명한 험담을 늘어놓았다.

"신문에 난 것은 아무것도 믿을 수 없다. 진실 그 자체는 오염된 전달 수단에 실림으로써 의심스럽게 된다. 아무것도 모르는 사람이 거짓과 오류로 가득 찬 마음을 가진 사람들보다 더 진리에 가까운 사람이듯이, 나는 전혀 신문을 읽지 않는 사람이 신문을 읽은 사람보다 더 잘 안다고 생각한다."

앞에서 예를 든 나폴레옹의 경우, 당시 프랑스 최대 일간지가 그에게 철저히 굴복했지만 나폴레옹 또한 신문을 두려워하기는 마찬가지였다. 이를테면 "세 개의 적의 있는 신문은 천 개의 총칼보다도 무섭다"는 말을 남기고 있다.

따라서 1980년 5월 광주에서 시민들을 학살하고 집권한 이른바 '신군부 세력'이 언론 통제에 얼마나 큰 관심을 기울였을지는 충분히 짐작할 수 있는 일이다. 정부의 일개 장관에게 신문 발행 취소 권한을 준 언론기본법을 무기로 전두환정권이 신문을 통제한 구체적 행태가 이른바 '보도지침'이다.

문제의 '보도지침'은 전두환정권이 '정권 안보'를 위해 신설한 문화공보부의 홍보조정실이 하루도 빠짐없이 각 신문사에 은밀하게 시달한 보도통제 지침을 말한다. 그 지침을 보면 한국 언론의 신문 편집이 얼마나 정치권력에 의해 좌우되었는지 극명하게 드러난다. 이를테면 1986년 9월 보도지침을 폭로한 『말』지 특집호를 들춰보자.

문화공보부 홍보조정실은 이 보도지침 속에서 '가피 불가不피 절대불가'라는 '절대적' 지시어들을 구사하면서 사건이나 상황, 사태의 보도 여부는 물론이고 보도 방향과 내용 및 형식까지 구체적으로 '명령'한다. 제도 언론은 이 지침을 충실하게 따라 취재한 기사의 비중이나 보도가치에 구애됨이 없이 '절대불가'면 주저 없이 빼고 '불가'면 조금 미련을 갖다가 버리며 '가피'면 안심하고 서둘러 실었다. 결국 보도지침의 빈틈 없는 지시와 충실한 이행 과정 속에서 당대 우리 겨레가 살아간 삶의 환경은 '있는 것이 없는 것으로, 없는 것이 있는 것으로' 둔갑했다. 정권

〈자료 33〉 월간 말, 보도지침 특집호

과 언론이 손잡고 '작은 것을 큰 것으로, 큰 것을 작은 것으로' 뒤바꾸는 대중조작을 끊임없이 자행한 것이다.

실제로 보도지침은 어떤 사건을 어느 면에 어느 크기로 보도하라고 지시하고 심지어 표제로는 어떤 것이 적당하다는 지침까지 내렸다. 말 그대로 보도지침을 통해 표제와 기사가치 판단 및 지면 배정이라는 신문 편집의 모든 것을 통제했다. 신문을 부도덕한 권력이 직접 나서서 편집한 셈이다.

저 유명한 부천경찰서 성고문性拷問 사건을 보자. 검찰이 조사결과를 발표했던 1986년 7월 17일의 보도지침을 보면 권력의 편집지침이 얼마나 구체적이고 치밀했는가를, 그리고 당시 신문들이 이 지침에 얼마나 충실하게 따랐는가를 실감할 수 있다.

1. 오늘 오후 4시 검찰이 발표한 조사 결과와 내용만 보도할 것.

2. 사회면에서 취급할 것.(크기는 재량에 맡김)

3. 검찰 발표 전문은 꼭 실어줄 것.

4. 자료 중 '사건의 성격'에서 제목을 뽑아줄 것.

5. 이 사건의 명칭을 '성추행'이라고 하지 말고 '성모욕 행위'로 할 것.

6. 발표 외에 독자적인 취재보도 내용 불가.

7. 시중에 나도는 '반체제 측의 고소장 내용'이나 'NCC, 여성단체 등의 사건 관계 성명'은 일체 보도하지 말 것.

여기서 4항의 '자료 중 사건의 성격'이란 검찰이 이 사건을 "혁명위해 성性까지 도구화"로 규정한 것을 말한다.

〈자료 34, 35, 36〉은 내로라하는 신문들의 보도지침에 대한 '충성도'를 잘 보여준다. "성모욕 행위는 없었다" "성을 혁명도구화 했다"는 검찰의 발표를 아무런 여과 없이, 그것도 시커먼 배경 아래 돋보

〈자료 34〉 중앙일보, 1986년 7월 17일자 사회면

이는 글자로 편집했다. 당시 신문을 받아본 당사자 권인숙 씨는 훗날 그때의 충격을 다음과 같이 토로했다.

"모든 것을 일선 기자와 언론기관에서 알고 보도해줄 것을 의심하지 않았다. 그러나 이 모든 나의 순진함과 희망은 7월 17일 검찰이 발표했다는 소식과 함께 변호사 손에 들려져온 한 장의 신문으로 무

〈자료 35〉 조선일보, 1986년 7월 17일자 사회면

〈자료 36〉 조선일보, 1986년 7월 17일자 제2사회면

너져버린 혼자만의 사상누각이었다. '가슴 세 대 톡톡'이라는 이 허무
맹랑한 발표를 단 한마디 논평기사도 없이, 다행이기라도 하다는 듯
이 그야말로 대문짝만하게 실어놓은 기사를 보면서 나는 주저앉아
버리고 싶었다. 가족들의 피눈물도 마다 않고 단식으로 흔들리는 몸

을 억지로 추스르고, 포승줄로 묶인 채 검사 앞에 몇 시간을 앉아 있으면서도 나를 지탱했던 것은 세상이 나를 버리지 않을 것이라는 확신이었다."(『기자협회보』 1989년 1월 20일자)

그런 경험을 한 권인숙 씨의 보도지침 사건에 대한 생각을 더 들어보자.

"그 후 나에게 들려오는 소식은 보도지침이란 게 부천서 성고문 사건 전체를 낱낱이 통제했고 이에 대해 모든 언론사는 한 치의 거역도 없이 따랐다는 내용이었다. 또 얼마간의 촌지(돈봉투)가 항상 뒤따르곤 했다는 소식도 함께 전해졌다. 그 당시 언론에 대해 다소 격앙된 감정을 갖고 있던 나에게 보도지침과 촌지의 소식은 더 이상 이 땅에 제도 언론이 존재할 이유가 이제는 남지 않았다는 생각을 갖게 했었다. 사실보도조차도 공권력의 압력과 회유에 굴복하여 공정하게 해낼 수 없다면 그건 이미 스스로의 목에 칼을 댄 것 이상이라고 느껴진 것이었다."

신문 편집의 결정권이 권력에 있다면, 그리고 언론이 권력의 보도지침을 충실히 따른다면, 권씨의 말대로 언론이 존재할 이유는 전혀 없다. 권력의 홍보지만 있으면 충분할 터이다.

그러나 권력은 단지 '홍보지'만을 원하지 않는다. 외면상 언론보도가 자유롭게 이루어지고 있는 것처럼 국민을 속일 필요가 있다. 정치권력에서 독립되어 있다고 알려진 언론을 통해 국민을 통제하는 방법이 권력의 홍보지를 통해 하는 것보다 효과가 크다는 건 분명하지 않은가. 부천서 성고문 사건 보도지침 가운데 제2항이 그것을 입증해준다. "사회면에 취급하되 크기는 재량에 맡긴다"는 지침은 정치권력의 언론 통제가 얼마나 노회하고, 신문 편집이 얼마나 그에 놀아났는가를 참담하게 보여주는 대목이다.

권력의 언론 통제가 주도면밀했음을 드러내주는 또 다른 예는 1987년 6월항쟁의 시발점이기도 했던 '5·3사태(신민당의 개헌추진위원회인천지부 현판식 및 시위 사태)'에 대한 보도지침이다.

1. 1면 머리기사(톱기사)는 반드시 '한영 정상회담'으로 할 것. 따라서 시위 기사는 1면 사이드 톱기사, 사회면 톱기사 또는 중간 톱기사 등 자유재량으로 할 것.

2. 기사 내용과 방향

① 과격시위 : '학생-근로자들의 시위'로 하지 말고 '자민투' '민민투' '민통련' 등의 시위로 할 것.(실제로 각 단체가 플래카드 들고 시위)

② 폭동에 가까운 과격, 격렬 시위인 만큼 비판적 시각으로 다룰 것.

③ 이 같은 과격 시위를 유발한 신민당의 문제점을 지적할 것.

〈자료 37, 38〉은 이 보도지침이 그대로 반영, 편집된 『조선일보』의 지면이다. 내용도 없는 '한-영 정상회담'을 보도지침대로 1면 머리기사로 올렸으며 '과격-격렬 시위로 몰아 비판적' 편집을 노골화하는 한편, '자민투' '민통련'의 시위라는 점을 강조했다.

〈자료 37〉 조선일보, 1986년 5월 4일자 1면

　　정치권력이 5·3항쟁을 학생-근로자의 시위가 아니라 자민투-민
민투 등의 시위로 보도할 것을 요구한 까닭은 다른 데 있지 않다. 독
자들에게 시위 자체를 '음산한 조직'들의 상투적 불만 표출로 매도하
려는 의도였다. 신문 표제의 중요성을 보도지침의 작성자가 누구 못

〈자료 38〉 조선일보, 1986년 5월 4일자 사회면

지않게 잘 꿰고 있는 것이다. 그건 보도지침을 만든 사람들이 다름
아닌 전직 신문기자들이기 때문이다.

　문화공보부 안에 홍보조정실이 신설된 것은 1981년 1월이었다.

당시 전두환정권은 계엄을 해제한 후 계엄 기간에 국군보안사령부 언론검열단이 맡았던 기능을 대신할 수 있는 조직이 필요했다. 그 필요성에 의해 문공부 안에 홍보조정실을 만들기로 했고, 출범 때 이미 50명이라는 대규모 인원으로 구성됐다.

이이제이以夷制夷에 빗대어 이언제언以言制言이라는 말이 나돌았을 정도로 그 과정에서 언론인 출신들의 '활약'은 컸다. 무엇보다 장관까지 역임했던 허문도·이수정·이진희·이원홍 씨 등이 대표적인 인물들이고, 홍보조정실 내에도 기자 출신들이 상당수 포진했다. 특히 허문도 씨는 부천서 성고문 사건의 보도지침에 깊숙이 개입한 것으로 밝혀졌는데, 그 자신이 『조선일보』에서 편집을 익힌 사실은 시사하는 바가 크다. 신문이 무엇인가를 아는 사람들에 의해, 특히 신문 편집이 무엇인가를 아는 편집기자 출신들에 의해, 보도지침은 정교하게 작성되어 각 언론사에 지침으로 '통보'됐다.

어쩌다 보도지침을 무시했던 『동아일보』의 편집국장이 담당 기자와 함께 모처에 연행되어 심하게 구타당해 당분간 편집국에 출근도 못했던 사례에서 보듯이, 지침의 위력은 물리력에 의해 뒷받침되고 있었다. 게다가 언제 날아들지 모르는 해직의 칼날이 기자들의 목줄을 언제나 겨누고 있었다. 이것이 1980년대 중반 한국 언론의 적나라한 실상이었다.

문제의 보도지침은 1987년 6월항쟁 뒤 공식적으로는 사라졌다. 하지만 노태우정권과 김영삼정권 시기에도 '비공식 보도지침'은 여전히 살아 있었다. 보도지침의 영향력이 온전히 사라진 것은 김대중 정권을 거치면서였다. 물론, 김대중정권 때도 주요 언론기관마다 전담 국가정보원 요원을 둔 것은 변함이 없다. 정치권력의 속성으로 볼 때 권력과 신문 사이에 '협조 요청'이나 갈등은 앞으로도 지속되게 마련이다. 다만 그 경우 과거와 달리 신문과 정부 사이에 힘의 역학관계는 대등하거나 심지어 전자가 우위로 올라서는 사태가 올 수도 있다. 이미 김영삼정권 시기에 그런 양상은 현실로 뚜렷하게 드러났다.

신문시장을 독과점하고 있는 몇몇 신문들이 1987년 대통령선거와 1992년 대통령선거에서 왜곡편파 보도로 노태우·김영삼정권을 탄생시키는 데 결정적 역할을 했기 때문이다. 오랜 군부독재가 지배해오던 한국 사회에서 민중의 항쟁으로 독재가 물러난 뒤 권력의 빈 공간에서 언론이 마구 활개치게 된 것이다. 바로 그 점에서도 신문 읽기에서 '혁명'의 중요성은 더더욱 절실하다.

이미 스스로 '권력'이 된 '부자신문'들은 1997년 대선에서 노골적으로 이회창 후보를 지지했음에도 김대중정권이 들어서자 집권 5년 기간 내내 흠집내기 식의 비난을 일삼았다.

김영삼에 이어 김대중정권도 아들의 부패 문제가 불거지면서 몰락했지만 집권 내내 개혁의 발목을 잡은 것이 부자신문들이었던 것도 엄연한 사실이었다. 특히 앞서도 살펴보았듯이 그런 양상은 남북화해 정책에서 도드라지게 나타났다. 셋째마당에서 더 자세히 살펴보겠지만 부자신문들이 틈날 때마다 남북화해 분위기를 저해한 배

〈자료 39〉 조선일보, 2000년 3월 6일자 1면

경에는 안보불안감과 냉전의식을 부추겨 자신들의 기득권을 지키려
는 의도가 짙게 깔려 있다.

　문제의 심각성은 부자신문들이 심지어 자신들의 이익을 유지하기
위해서라면 지역감정을 부추기는 일까지 서슴지 않는다는 데 있다.

　『조선일보』 2000년 3월 6일자 1면을 보자. 당시 4·13총선을 앞둔
상황에서 『조선일보』는 김윤환 의원이 대구에서 기자회견을 열고 쏟

아낸 지역감정 조장 발언을 1면에 파격적으로 편집했다. 표제 또한 〈자료 39〉에서 보듯이 노골적으로 「"영남 정권 다시 만들자"」이다.

물론 『조선일보』 기자 출신으로 박정희정권 시절부터 양지를 누려온 김윤환 씨가 그런 발언을 한 것은 사실이기 때문에 사실보도로서 아무 문제가 없다는 반론도 있을 수 있다. 하지만 문제는 그런 사실을 어떤 시각과 어떤 무게로 편집했느냐에 있다.

한 사회가 지니고 있는 문제점들을 공론화해서 해결해나가는 게 본연의 과제인 언론이 오히려 고질적 문제를 더 심화시키고 있다면 그 신문을 보는 독자들에겐 불행한 일이 아닐 수 없다.

그래서다. 부자신문들의 부당한 여론몰이가 기승을 부리면서 그 반작용으로 '조선일보 반대운동'(안티조선)이나 '정기간행물법 개정운동' 등 언론개혁운동이 세차게 일어나기 시작했다.

2002년 대통령선거에서 노무현정권이 등장하는 데는 부자신문들의 무분별한 여론몰이에 대한 젊은 세대들의 비판의식도 큰 몫을 차지했다.(신문권력에 대한 비판과 이에 맞선 젊은 지성인들의 비판 운동에 대해서는 저자의 책 『R통신』이나 『여론 읽기 혁명』을 참고)

아무튼 분명한 것은 이제 더 이상 권력에 의한 일방적인 신문 종속은 사라졌다는 사실이다. 따라서 현명한 독자라면 보고 있는 지면 뒤에 숨어 있는 정치권력과 신문 사이의 역학관계도 입체적으로 읽어낼 수 있어야 한다. 그런 의미에서 신문 지면은 요철凹凸인 셈이다.

3. 1판과 5판 사이의 독법

"밤새 안녕?"

조간신문 편집부 기자들이 자신이 작성한 표제나 편집한 지면을 향해 던지는 자조적인 아침인사다. 밤새 판이 거듭되는 동안, '외압' 따위로 인해 제 수명을 다하지 못하는 일 없이 무사했는지를 묻는 것이다.

대부분 독자들이야 집이나 사무실에서 여러 신문을 본다 해도 각 신문마다 한 가지만을 받아 보게 되므로, 1판이다 5판이다 하는 데 대해 별다른 의식도 없고 그 의미에 대해서도 잘 모를 수밖에 없다. 그러나 이 책의 첫째마당에서 보았듯이, 조간신문의 경우 전날 저녁 7시 안팎에 1판이 인쇄되어 나오며 저녁 8시께 각 사 편집국은 타사의 조간신문들과 자사 신문을 비교해본 뒤 마지막 편집회의를 한다. 그런데 이때부터 집이나 사무실에서 신문을 받아보는 이튿날 아침까지에는 배달 과정만 있는 게 아니다.

　오히려 조간신문의 성패는 바로 이 밤 시간대에 달려 있다고 해도 과언이 아니다. 어느 신문이든 조간신문사의 편집국 사무실은 밤새 불을 밝히고 있다. 저녁 7시 전후로 인쇄된 신문은 단지 1판에 지나지 않기 때문이다. 이 초판은 그 신문의 전체 발행 부수 중 극히 일부일 뿐이다. 신문은 그 이후 숱한 판갈이를 한다. 대체로 5판 정도까지 다시 찍어낸다. 최소한 한 신문의 하루치가 5종류는 되는 셈이다. 이 판 번호는 신문 1면의 맨 위 날짜가 표기되어 있는 부분에 표시되어 있다.

　여기서 40판이네 45판이네 하는 숫자는 완전히 과장된 것으로 정직하지 못한 신문사의 관습 가운데 하나이다. 실제로 1판을 찍어내면서 대부분의 신문들이 5판 또는 10판이라고 표기한다. 2판의 경우, 느닷없이 15판이나 20판으로 표기하는 따위의 과장을 일삼고 있다. 그렇게 판을 거듭해야 할 만큼 신문이 많이 팔렸다는 일종의 사세 과시 내지 사세 불리기용인 것이다. (『한겨레』의 경우 판갈이를 정직하게 표기하고 있다.)

　영호남 지역에는 철도 우송 시간이 있어서 1판 내지 2판이 배달되고, 그 외 다른 지역은 서울과 가까운 지역일수록 더 최신판이 배달된다. 저녁 8시 편집회의가 끝나면서 각 판마다 마감시간이 있고 그에 따른 편집 작업이 이루어지게 된다. 신문사마다 차이가 있지만 대체로 수도권 지역의 각 가정에 배달되는 신문은 대체로 5판이다. 5

판이 인쇄되어 나오는 것은 새벽 3시 30분께다. 물론 돌발사건이 일어났을 때는 더 늦춰질 수도 있다. 6판은 대부분 서울 시내 중심가 가판용이다. 편집국이 밤새 불을 밝히고 있는 것은 바로 그런 판갈이를 위해서이다. 판갈이의 권한을 갖고 있는 편집부 기자들이 그 밤샘 작업의 주역임은 물론이다.

주요 기사들의 편집 방향은 1판에서 대체로 정해진다. 문제는 우리나라 신문들의 주요 뉴스들이 대부분 정부 기관의 보도자료에 의존하고 있다는 사실이다. 가령 서울에서 발행되는 종합일간지의 보도를 한 해 동안 분석한 결과, 43개 정부기관 관련기사가 1면과 사회면 머리기사의 무려 80%를 차지하고 있는 것으로 나타나기도 했다. 우리 언론사의 기자들이 관급기사, 즉 정부기관이 내놓는 보도자료를 그대로 옮기는 '발표 저널리즘' 수준에서 크게 벗어나지 못하고 있다는 방증이다. 따라서 정부기관의 공무원들이 퇴근할 무렵부터는 이렇다 할 국내 뉴스가 나올 가능성이 그만큼 적기 때문에, 대체로 1판의 편집 방향이 5판까지 크게 달라지지 않게 된다.

그러나 밤이 되면 더 힘을 얻는 뉴스들이 있다. 사건기사가 대표적이다. 1판 기사 마감시간이 대체로 오후 4시 30분이므로, 그 뒤에 일어나는 사건들을 1판에 담지 못할 것은 물리적 필연이다. 그런데 통상 살인사건이나 화재 또는 교통사고 그리고 강도 및 폭력사건 등은 저녁 무렵이나 한밤중에 많이 일어난다. 또 중요한 사건을 처리할 때 검찰이 밤샘 작업을 하는 경우가 많아 그때는 신문 또한 밤새 분주하게 된다.(사실 검찰이 피의자를 철야 조사하는 것은 심각한 인권유린으로 비판받아 마땅하다. 그럼에도 편집자들이 무의식적으로 '밤샘조사'라는 표현을 곧잘 사용하는 데는 조간신문 편집국 기자들 스스로 밤샘 작업을 일상적으로 하기에 별다른 거부반응 없이 받아들이는 측면도 있다.)

사건기사 못지않게 야간에 중요한 기사가 많이 터지는 부문은 국제 뉴스이다. 대한민국과 조선민주주의인민공화국은 물론이고 전세계의 정치와 경제에 강력한 영향력을 행사하고 있는 미국이 우리와는 낮과 밤 시간대가 거꾸로 되어 있기 때문이다. 유럽 또한 마찬가지다. 시간차로 인해 밤사이에 국제부의 텔레타이프실로 쏟아져 들어오는 수많은 뉴스들이 편집국의 밤을 긴장하게 만든다.

이에 따라 사회면 편집자들과 국제면 편집자들이 특히 야간 상황에서 몹시 분주해진다. 이때의 조간신문 편집국 마지막 수문장은 바로 사회면이나 국제면 편집자를 포함한 편집부 야근 기자들이다.

저녁 8시 편집회의를 마치면, 편집국장을 비롯한 대부분의 편집국 간부들은 보충 취재를 지시한 뒤 퇴근하게 된다. 밤 10시가 넘어서면 편집국은 상대적으로 고요해진다. 물론 그 적막 사이로 끊임없이 텔레타이프 소리가 뚫고 들어오고 전화벨 소리 역시 쉴 새 없이 울려 퍼지긴 하지만 낮 시간대의 시끌시끌한 분위기에 비할 바는 아니다.

편집국장이 퇴근한 뒤의 모든 일은 야간국장이 최종 책임을 진다. 야간국장은 각 편집국 부장들이 교대로 맡게 된다. 그러나 각 취재부서를 맡고 있는 부장들의 경우, 편집국장에 비해 아무래도 편집의 가치판단에 부담을 느끼게 마련이다. 그래서 상대적으로 이 시간에는 편집부 야간팀장의 구실이 커진다.

편집국의 밤을 지키는 편집부 기자들은 5명 내지 6명이 한 팀을 이루게 된다. 3교대로 이뤄지기 때문에 통상 사흘에 하루는 저녁 6시에 출근해서 다음날 새벽에 퇴근하는 일이 반복된다. 모두가 잠든 시간에 사회의 '불침번' 역할을 맡는 셈이다.

물론 이런 자긍심은 편집부 기자들만의 것은 아니다. 기자라면 누구나 한 번쯤은 그런 보람에 젖을 때가 있다. 문제는 그 자긍심이 엉뚱한 결과를 빚는다는 데 있다. 이를테면 한 언론사 사주가 '밤의 대통령'으로 비유된 '사건'이 대표적이다. 하지만 '밤의 대통령'이라고 '칭송'을 받은 언론사 사주들이 실제로 걸어온 길을 돌아보면 쓴웃음이 나온다. 1980년 이른바 '신군부'의 언론 통폐합과 언론인 대량 해직 때 이를 추진했던 신군부 실세 가운데 한 사람은 언론사 포기 각서를 받기 위해 내로라하는 신문사 사장들을 보안사령부로 부르면서 내심 몹시 긴장했었다고 한다. 그러나 그런 우려가 참으로 어처구니없는 기우였다는 것을 곧 확인할 수 있었단다. 그러면서 그는 "썩은 호박에 칼 들어가듯 쑥쑥 먹혀들었다"고 회고했다. 과연 이 모욕적인 언사 앞에 떳떳할 수 있는 언론사 사주가 있을까? 독재 치하에서 언론사 사주들과 고위 편집 간부들이 터무니없이 쉽게 무너졌던 모습은 편집국의 밤을 밝히는 기자들에게 좌절감만 한층 깊게 안겨주었다.

어쨌든 신문 1판의 보도와 관련하여 권력의 개입은 어떻게 이뤄지는지를 한번 들여다보자. 각 신문사에서 인쇄되어 나온 1판 신문들은 발행 즉시 가판을 위해 서울 광화문 네거리에 집결된다. 각 가판대로 실려가기 위해 집결되는 첫 지점인데, 여기에는 각 신문을 취합하여 직접 구입하거나 배달을 하는 사람들이 있다. 이 초판을 구입하기 위해 서성이는 사람들은 과연 누구일까? 바로 '정치권력'이다.

초판 신문이 직접 배달되는 곳은 나날이 늘어나고 있다. 이들 1판 조간신문들이 서울의 한복판 광화문에 모이는 시간은 대체로 저녁 7시 10분께. 숱한 사건들을 쏟아낸 하루가 이울면서 한낮의 자취를 신문 지면에 남긴 채 이윽고 밤이 찾아온다. 이 가판을 반드시 구입해 샅샅이 훑는 조직들이 있다.

먼저 정치권력이다. 무엇보다 권력 핵심인 청와대 비서실이 1판 조간신문을 날카롭게 분석한다. 같은 시각 정부종합청사와 국가정보원 그리고 검찰·경찰 조직도 1판 신문을 정밀 검토한다. 정부 각 부처 공보관들은 다음날 가판신문을 본 다음에 퇴근하는 게 '불문율'이다. 특히 국정원은 조간신문 1판을 각 국·실별로 구독하고 있다.

당연한 말이겠지만 이들 권력기관들이 1판 신문을 구독하는 까닭은 단순히 구독만을 위해서가 아니다. 초판을 본 뒤 자신들에게 불리한 기사나 표제가 있을 경우 '개입'을 하기 위해서다.

물론 문공부 홍보조정실의 보도지침 사건이 말해주듯이, 1980년대에는 1판 제작부터 권력이 노골적으로 개입했었다. 그럼에도 1판

분석은 놓칠 수 없는 홍보조정실의 임무였다. 보도지침대로 신문이 제작되었는가를 비교하고, 그렇지 않을 경우 유무형의 압력을 행사했다. 이런 행태는 군사정권이 몰락한 이후에도 크게 변하지 않았다. 단지 표면상으로만 부드러워졌을 따름이다. 1판 신문을 받아보고 '심기'에 불편을 느낀 권력기관들은 왕왕 신문사 편집국으로 수정 요구를 한다. 이들이 주로 상대하는 대상은 그 기사나 표제를 직접 작성한 일선 기자들이 아니다. 현장을 뛰는 기자들과 굳이 충돌하고 싶지도 않을뿐더러 젊은 기자들이 결코 호락호락하지 않기 때문이다.

특히 주요 사안일 때는 직접 편집국장이나 사장에게 전화를 걸어 '협조'를 요청한다. 일선 기자들의 경우 신문사 외부에 대해서는 비교적 강하게 반발할 수 있으나 내부의 지시에는 약할 수밖에 없다. 그 자신 신문사 조직의 일원인 까닭에 편집국 고위간부나 신문사주의 말을 어기기는 버겁기 마련이다. 이로 인해 1판과 5판 사이에서 편집이 춤을 추게 된다. 5판의 편집이 오판誤判이 될 가능성이 큰 것도 이 때문이다.

물론 1판과 5판 사이에 부정적 현상만 있는 것은 아니다. 1판 보도가 마감시간에 쫓겨 불확실한 채로 나갈 수 있으므로, 밤새 확인 절차를 거쳐 정확한 보도를 할 수 있게 된다. 1판과 5판 사이에 판마다 다른 기사가 나가는 대표적 사례는 선거 개표 보도이다. 시시각각 투표함이 열리면서 신문보도 또한 각 판의 마감시간에 따라 그때그때 달라질 수밖에 없다. 신문 표제도 그에 따라 달라질 수밖에 없다.

1996년 4월에 있었던 제15대 국회의원선거 결과 보도가 그 좋은 예이다. 개표 초반 텔레비전 방송사들은 일제히 여론조사 결과를 발표하면서 여당인 신한국당이 압승했다고 보도했다. 신문보도 역시 이들의 여론조사 결과를 그대로 따라가면서 대다수 신문들이 「신한국당 과반수 확보」라든가 「신한국당 압승」이라는 표제를 작성했다. 그러나 방송사들의 여론조사 결과는 무려 30여 곳에서 당락이 바뀔 만큼 예측이 잘못되었으며, 이로 인해 시내판에서는 대부분의 신문들이 다시 표제를 수정해야 했다. 일부 신문은 「신한국당 수도권서 선전」으로 표제의 방향을 살짝 돌렸고, 또 다른 신문은 「여소야대 재현」으로 방향을 급선회했다.

또한 스포츠 기사의 경우, 경기가 진행 중일 때 1판 보도와 5판 보도는 다를 수밖에 없게 된다. 일부 지역에서 이틀 전 경기가 신문에 편집되는 것은 바로 이 때문이다. 서울에서 저녁 7시 안팎에 기차를 타고 남부 지방으로 가는 1판 신문은 그날의 경기가 아직 끝나지 않아 보도할 수가 없는 것이다. 물론 이 경우도 자본이 튼튼한 신문은 지방에 분공장을 만들어 동시인쇄로써 물리적 한계를 극복하고 있다. 그러나 분공장에 윤전기를 돌리려면 최소한 수백억 원의 자본을 투자해야 한다. 자본력이 없는 신문은 언감생심이다.

그 결과다. 실태를 모르는 독자들은 자본력이 없는 신문들이 밤사이의 기사를 편집하지 못하는 물리적 한계에 대해 그 신문사 기자들의 성의 부족이라고 오해하기 십상이다.

그러나 적어도 우리 신문의 편집에서 1판 보도와 5판 사이에는 긍정적인 대목보다 부정적인 게 많다. 신문사 안팎에서 언론자유를 억압하려는 세력들의 노골적 간섭을 편집기자들은 여전히 피부로 느끼고 있다. 편집부의 야간작업과 판갈이 작업을 상세하게 설명한 까닭도 다른 데 있지 않다. 그 과정에서 힘 있는 자들에 유리한 기사는 확대되고 권력에 불리한 기사는 축소되는 편집의 왜곡이 되풀이되고 있는 까닭이다.

1판과 5판 사이에 기사가 단지 축소만 된다면 그래도 '양호'한 편이다. 심지어 머리기사가 통째로 삭제되는 경우도 왕왕 있다. 더구나 정치권력과의 갈등에 의한 것이 아닐 때 문제는 더욱 심각하다. 정치권력과의 갈등은 어떤 형태로든 곧 불거져 사회적으로 논란을 빚지만 그렇지 않은 편집의 왜곡은 여론화하기도 쉽지 않기 때문이다.

가령 1996년 5월 14일자 『세계일보』 과학의료면 머리기사로 실렸던 「삼성의료원 의료서비스 부실」 기사를 보자. 삼성의료원은 삼성그룹이 기업 이익을 사회에 환원하겠다는 명분을 내걸고 개원한 종합병원으로 '호텔을 방불하게 하는 첨단 시설'을 갖춰 개원부터 큰 관심을 불러일으켰다. 그러나 곧 삼성의료원의 진료비가 너무 비싸다는 불만이 제기되었으며 시설에 걸맞지 않게 의료사고도 잦은 것으로 나타났다.

『세계일보』의 기사는 1996년 초 이 병원에서 담낭 제거 수술을 받던 50대가 집도의사의 내시경 조작 잘못으로 사망한 사건이라든가

〈자료 40〉 시내판에서 사라져버린 세계일보 1996년 5월 14일자 1판 기사

단순한 위장검사를 받던 여자 환자가 병원의 투약 실수로 의식을 잃고 46일간 입원치료를 받은 사고 등을 바탕으로 작성된 '심층 취재기사'였다. 단순한 사건기사를 넘어 국민건강에 직결되는 의료 현실을 다룬 것으로, 과학의료면 머리기사로서 손색이 없는 기사였다. 편집 역시 삼성의료원 전경을 담은 사진에 주표제를 물려서 삼성의료원의 부실을 부각시켰다.

그러나 1판 머리기사였던 이 기사는 돌연 실종되고 말았다. 가정 배달판에서 이 기사를 아예 삭제해버린 것이다. 왜 이런 일이 벌어졌을까? 바로 여기에서 신문 편집과 광고의 문제가 제기된다.

4. 신문 편집과 광고

우리가 날마다 지면에서 대하는 신문광고는 정치권력 못지않게 신문 편집을 좌우한다. 앞서 예로 든『세계일보』의 '삼성의료원 부실 기사'가 완전히 삭제된 이유에 대하여 당시 편집국장이 아주 솔직하게 털어놓은 답변은 그것을 단적으로 드러내준다.

"신문이 나간 뒤 광고국에서 기사 삭제를 요청해왔다. 광고주의 압력은 어느 신문사에서도 있다. 특히 신생 신문사에서는 광고 쪽 주문을 안 들어줄 수 없다."

이와 비슷한 사례는 한솔그룹 관련기사가 삭제된『서울신문』에서도 엿볼 수 있다.「한솔 뇌물사건 연쇄 연루」제하의 이 기사는 "한솔 그룹이 공정거래위원회 뇌물사건에 이어 증권감독원 비리에도 연루됐다"며 신생 그룹 한솔의 고속 질주 배경을 다룬 기획물이었다. 편집자 또한 사회면 상자기사로 돋보이게 편집했다. 그러나 이 기사는

5판에서 돌연 삭제되어 엉뚱한 기사로 대체되었다. 『서울신문』 1판을 본 한솔그룹이 편집국 고위간부 및 경영진에게 기사 삭제를 요청했기 때문이다. 처음에는 완강히 기사를 뺄 수 없다던 『서울신문』은 끝내 최종판에서 이 기사를 삭제했다. 여기서 한솔그룹은 광고주임은 물론 신문용지를 독과점적으로 공급하는 제지회사라는 점도 염두에 둘 필요가 있다. 언제 신문용지난難 사태가 올지 모르는 상황에서 신문사는 신문용지의 독과점 공급업체에게 구조적으로 약할 수밖에 없었던 것이다.

이들 재벌기업들은 광화문에 집결되는 각 신문 초판들을 정부기관 못지않게 구입하여 면밀히 분석한다. 이는 자신들의 기업 행위가 당당하지 못한 것으로 생각하고 있다는 방증일 수도 있다. 전두환-노태우 전직 두 대통령에게 모두 비자금을 갖다 바치며 이익을 챙겨 이른바 전-노 재판에 재벌 총수들이 줄줄이 소환되었을 만큼 이들은 신문보도의 추이에 촉각을 곤두세울 수밖에 없는 것이다.

재벌그룹 안에서 신문 초판을 구입하여 분석하는 사람들은 대체로 그룹 홍보실에 소속되어 있다. 특히 한국 재계를 주름잡고 있는 삼성과 현대 그리고 엘지는 이른바 '전략 홍보팀'을 별도로 운영하고 있다. 대부분의 재벌기업들에서 이들은 다른 직원들보다 1시간 정도 빨리 출근하여 그날의 그룹 관련기사나 정보가치가 있다고 판단한 내용을 정리하여 아침 업무 시작 전에 최고경영자에게 보고한다. 대부분의 최고경영자는 이들이 올린 신문 스크랩을 보는 것으로 하루

일과를 시작하므로 홍보실의 보고는 대단히 중요하다.

　재벌그룹들의 로비에 의해 신문기사가 쉽게 삭제되는 사태는 비단『세계일보』나『서울신문』의 사례에 그치지 않는다. 언제나 권위지를 자랑하는 신문들의 경우에도 예외가 아닌 것이다. 삼성 산업스파이 사건을 둘러싼『조선일보』와『동아일보』의 보도를 돌이켜보더라도 이 점은 분명해진다.

　1995년 6월 13일 삼성중공업 소속 직원 3명이 기아자동차 공장 주변에서 기아의 신형 봉고차를 망원렌즈로 사진 촬영하다 붙잡힌 사건이 일어났다. 이 사건은 1993년 삼성전자의 엘지전자 김치냉장고 생산라인 불법 '견학' 사건과 1994년 11월 삼성중공업의 한국중공업 크레인 불법 사진촬영 사건에 이어 삼성그룹이 3년째 산업스파이 추문에 휘말린 사건으로, 당연히 보도가치가 충분한 기사였다.

　『조선일보』가 1995년 6월 17일자 사회면 4단 기사와 경제면 머리기사로 이 문제를 다룬 것은 삼성그룹 이건희 회장이 세계화에 앞장서는 '초일류 기업'을 자처하던 당시 상황에서 매우 시기적절한 편집이었다.

　그러나 「기아신차 무단촬영―삼성 기업윤리 도마에 / 재계 '고질적 충성경쟁 탓' / 처벌규정 미흡도 문제점」이라는 이 머리기사는 시내판에서 돌연 자취를 감추었다. 머리기사가 통째로 날아가고, 1판 사회면에 있던 기사는 경제면 맨 하단에 1단으로 처리되었다. 1판과 5판 사이에 신문 편집이 대자본의 '피리 소리'에 맞춰 춤춘 셈이다. 당시 『조선일보』의 경제부 데스크는 "삼성그룹 홍보실에서 자신들의 입장을 이해해달라며 로비를 했던 게 사실"이라고 시인한 뒤 "기사를 축소한 중요한 이유는 기아 측의 주장이 명확하지 않고 다른 신문들이 중요하게 다루지 않았기 때문"이라고 밝혔다(『미디어오늘』 1995년 6월 28일자).

여기서 『조선일보』 경제부 데스크가 "다른 신문이 중요하게 다루지 않았기 때문"이라고 말한 대목도 눈여겨볼 만하다. 우리 신문들이 초판을 낸 뒤에는 언제나 다른 신문들 1판을 받아 비교함으로써 5판은 서로가 서로에게 '닮은꼴'이 되어가는 양상을 보이고 있기 때문이다. 『동아일보』는 1판에 경제면 1단으로 보도했다가 그나마 5판에서는 삭제했다. 삼성그룹과 '혈연'의 관계에 있는 『중앙일보』는 처음부터 아예 기사를 싣지 않았음은 물론이다.

신문광고는 모든 면에 걸쳐 게재된다. 모든 지면을 적게는 1/3 그리고 크게는 전면의 신문광고가 점유한다. 바로 이 신문 지면의 하부구조를 담당하는, 편집국 못지않게 신문자본이 중요하게 여기는 핵심부서가 광고국이다. 실제로 이윤과 영향력이 목적인 신문자본으로서는 내심 편집국보다 광고국을 더 중요시하게 마련이다. 비단 신생 신문이나 사세가 약한 신문만이 아니다. 가령 장기영 『한국일보』 창업자는 "광고도 뉴스다"라는 말을 늘 강조했다. 『조선일보』 방상훈 사장이 사보 70주년 대담에서 "나는 신문이 나오면 먼저 아랫도리부터 본다"고 솔직히 털어놓은 사실도 이를 입증한다.

〈자료 41〉 1판 사회면 4단 기사로 실렸다가 시내판에서 경제면 맨 아래 1단 기사로 처리된
산업스파이 관련 기사. 조선일보, 1995년 6월 17일자

신문자본이 광고에 최우선적으로 관심을 두는 이유는 다른 데 있지 않다. 어느 신문이든 신문을 판매해서 얻는 수입은 신문 전체 매출액 가운데 지극히 적은 부분에 지나지 않기 때문이다. 신문 판수를 과장 표기하는 것도 판매 부수가 큰 신문이 광고 효과도 당연히 클 것이므로 광고 수주나 단가 책정에서 유리한 때문이다.

신문사 수입 가운데 광고 수입이 절대적이라는 사실을 인식한 독자들은 이제 신문이 광고주들, 곧 재벌들에게 구조적으로 약할 수밖에 없는 이유를 분명하게 인식했을 터이다. 실제 신문 제작 현장에서 신문을 편집할 때 그 지면의 광고 점유 크기부터 정해진 다음에 기사 공간을 정하고 있다. 심지어 기사가 모두 준비되었음에도 전면 광고가 들어오면 준비된 기사가 취소되는 사례도 많이 있다.

편집자로서 과연 광고를 받으려고 신문 편집을 하는 것인지 신문 편집을 위해서 광고를 받는 것인지 구분이 안 갈 때가 한두 번이 아니게 된다.

신문을 통해 이윤을 추구하는 신문자본의 경우, 광고 매출액을 의식해 주요 광고주의 비위를 거스르는 기사에 '불편한 의식'을 갖게 마련이다. 더구나 각 재벌이 한 신문사에 집행하는 광고 금액은 1년에 수백억 원에 이르기도 한다. 신문자본이 이들 광고주와 적정선에서 타협을 보는 것은 적어도 신문자본의 논리로는 '합리적'인 셈이다. 왜 그것이 신문자본에게 '합리적'인가를 확연하게 드러낸 사례가 있다.

〈자료 42〉에서 알 수 있듯이, 1판에서 경제면에 보도된 신세계백

〈자료 42〉 문화일보,1996년 7월 13일자 (인용출처: 미디어오늘)

화점 불법매장 사진이 2판에서 해외여행 러시 사진으로 바뀌면서 30면 제약회사 광고가 신세계백화점 세일광고로 '둔갑'하고 있다. 우리 신문들이 흔히 저지르고 있는 '기사와 광고 맞바꾸기'의 전형적인 예다. 재벌에 비판적인 기사가 우리 신문에서 시나브로 사라지거나 있더라도 작게 편집되고 있는 배경에는 이처럼 자본의 경제 논리가 엄존하고 있는 것이다.

　신문사들이 온라인으로도 기사를 내보내면서 광고와 기사의 교환 방법은 더 '다양'해졌다. 한국을 대표하는 삼성과 현대를 보기로 들어

〈자료 43〉 헤럴드경제, 2014년 1월 17일자 사회면

보자. 〈자료43〉에서 볼 수 있듯이 『헤럴드경제』는 2014년 1월 17일 현대건설이 경인아라뱃길 주변에 아울렛 건물을 지으면서 시멘트가 섞인 것으로 추정되는 오탁수를 불법적으로 흘려보냈다는 기사를 사회면 머리로 보도했다. 이미 지면에 기사화했기에 인터넷판에도 올라간 것은 물론이다. 하지만 신문이 나오고 채 3시간이 안 됐을 때 갑자기 인터넷에서 기사가 사라졌다. 담당 부장은 사실관계를 더 확인중이라고 밝혔지만, 정작 취재기자는 이유를 모르겠다고 말했다.

2012년 6월 27일 이건희 삼성전자 회장과 이맹희 전 제일비료 회장 사이에 벌어진 소송 재판에서 이맹희 변호인은 이건희 회장의 비자금과 관련해 "몰래 숨겨놓고 감추면 자신의 것이 된다는 논리는 시쳇말로 도둑놈의 논리다. 도둑놈 심보로 (차명재산을) 은닉한 것이 아닌가"라고 말했다. 언론들은 이를 기사화하며 '이건희 도둑놈 심보'를 표제로 구성했다.

그런데 기사와 표제들이 곧 사라지기 시작했다. 『아시아경제』의 기사 「"도둑놈 심보"…과한 표현도 등장한 삼성家 소송(종합)」은 인터넷에서 '존재하지 않는 기사'가 되었다. 『이데일리』 기사의 표제인 「"이건희, 도둑놈 심보" vs "이맹희도 알고 있었다"」는 「삼성家 상속 소송 2차 변론기일…날선 공방 이어져」로 바뀌었다. 『국민일보』의 기사 부제목은 "이맹희측 '이건희, 도둑놈 심보'"에서 "맹희측 '이건희, 참 나쁜 심보'"로 바뀌었고, 다시 "맹희측 '돈 숨기면 자기 것 되나'"로 수정됐다.

기사와 표제를 삭제하거나 수정한 언론사들은 삼성의 '압박'을 부정했지만, 『미디어오늘』의 취재에 삼성은 언론사에 전화 건 사실을 인정했다. 삼성그룹 커뮤니케이션팀 부장은 "제목이 너무 자극적이라고 이데일리 출입 기자에게 전화해 선처를 부탁했다"며 "일상적인 홍보 활동으로 이해해달라"고 말했다.

삼성의 힘은 인터넷신문 대표이사가 스스로 기사를 삭제하며 문자를 보내는 현상에서 생생하게 드러난다. 2014년 2월 17일 《뉴데일리》대표이사가 삼성의 전무와 실무자를 만난 자리에서 일어난 일이다. 삼성반도체에서 일하던 백혈병 피해 노동자들을 다룬 영화〈또 하나의 약속〉과 관련한 기사를 《뉴데일리》가 신자 삼성의 실무자가 "서운하다"고 말했다. 그러자 《뉴데일리》 대표이사는 경위를 알아보겠다고 한 뒤 기사를 삭제했다. 당시 《뉴데일리》 대표이사가 기사를 삭제한 뒤 삼성 전무에게 보낼 문자메시지를 착오로 다른 곳에 보내면서 사건 정황이 알려졌는데 문자 내용은 다음과 같다.

"지난달 《뉴데일리》에 〈또 하나의 약속〉 기사가 떠 서운했다고 하기에 돌아오는 즉시 경위를 알아봤고, 제 책임 하에 바로 삭제조치시켰습니다. 물론 칼럼니스트가 특별한 의도를 갖고 쓴 것은 아니었고, 간부들도 전혀 인지하지 못했던 것으로 확인됐습니다."

다 알다시피 《뉴데일리》는 "시대착오적인 사이비 진보세력에 대해서는 가차 없이 비판"을 다짐하며 창간한 '뉴라이트' 세력의 신문이다. "자유민주주의와 공동체 자유주의에 바탕을 두는 시장경제의 파수꾼"과 "기업과 기업의 긍정적 가치 부각"을 내세웠다.

물론, 모든 기자들이 광고주의 압박에 굴복하는 것은 아니다. 〈자료 44〉에서 보듯이 인터넷신문 《인사이트》는 광고주의 회유를 당당히 거부하고 그 사실을 기사화했다.

넷마블게임즈(이하 넷마블)가 자사에 불리한 기사를 내리면 '광고'를 주겠다는 황당한 제안을 했다. 넥슨 김정주 회장의 '뇌물 경영'이 비판

2017.02.01 (수)
● 부산 24 ℃

Insight

Search

정치 경제 사회 국제 이슈 사건사고 연예 문화 소비자 라이프 건강 연애 사람들 스토리 컬럼 오피니언 실시간

'게임 개발자 돌연사' 기사 내리면 '광고' 주겠다는 넷마블

정은혜 기자 · 07/20/2016 03:35PM

가 + -

FOR KAKAO
모두의마블

넷마블게임즈의 대표 게임 '모두의 마블' 사진 = 넷마블

[인사이트] 정은혜 기자 = 넷마블게임즈(이하 넷마블)가 자사에 불리한 기사를 내리면 '광고'를 주겠다는 황당한 제안을 했다.

소비자 울린 '**나쁜 기업**' 제보 받습니다

관련뉴스

온라인 '당일 배송' 10개 중 8개, 당일에 도착…
사장님한테 때먹힌 청년 임금, 사상 최초 '1,4…
팝스타 퍼렐 윌리엄스, '쌍둥이' 아빠 됐다
애플, 삼성전자 제치고 스마트폰 세계 1위
출고가 1천원인데 식당서 '5천원'에 팔리는 …
'아이폰8' 더 비싸진다…'최고 159만원'

많이 본 기사

도살장서 구조 후 충격에 빠진 아기 강아지의 표정

세상 떠난 브라질 축구팀에게 바치는 한 장의 일러스트

〈자료 44〉 인사이트, 2016년 7월 20일자

받는 가운데 국내 2위 게임업체가 불리한 기사에 대해 사실상 '광고 외압'을 넣어 게임업계의 도덕성이 도마위에 올랐다. 사건은 지난 14일 인사이트가 처음 보도한 '넷마블 30대 게임 개발자 돌연사'라는 제목의 기사에서 비롯됐다. 당시 인사이트 취재진은 넷마블에서 근무하던 38살 이모 씨가 사우나에서 갑자기 쓰러져 돌연사한 사건을 단독 취재해 기사로 송고했다. 넷마블 측에 사실관계를 확인한 결과 이씨가 돌연사한 사실을 확인했고 업무에 따른 '과로사' 여부에 대해서는 넷마블 측의 입장을 반영해 객관적 사실만 보도했다. 평소 건강했던 이씨가 갑자기 사망한 원인에 대해서 게임업계 관계자들과 게임 유저들은 "과로에서 비롯된 것은 아닌지 의심스럽다"는 반응을 보였다. 넥슨과 넷마블, 엔씨

소프트 등 게임업계의 야근과 살인적인 업무 강도는 악명이 높기 때문이다. 이에 인사이트는 넷마블과 유가족 등의 입장을 제3자의 관점에서 객관적으로 '공익'에 부합한다고 판단해 보도했다. 하지만 기사가 나오자 넷마블의 홍보실장인 박세진 이사는 지난 15일 오전 6시 30분께 인사이트를 찾아와 기사를 빼달라고 요청하면서 사실상 '광고'를 제안했다. 박세진 이사는 당일 인사이트 취재 기자에게 "우리 쪽에서도 따로 해드릴 건 없고, 혹시 회사에 광고팀이 따로 있냐"면서 "아무래도 광고 쪽이랑은 얘기를 더 편하게 할 수 있을 것 같다"고 말했다. 불리한 보도가 나오면 광고를 '미끼'로 기사를 삭제하도록 '광고 외압'을 넣는 국내 기업들의 행태가 빈축을 사고 있는데 넷마블도 그런 행태를 보였던 것이다. 사실 넥슨과 넷마블, 엔씨소프트 등 국내 게임사들은 유저들에게 과도한 현금 결제를 유도해 막대한 이익을 남기면서 고속 성장했다. 그렇지만 넥슨의 김정주 회장의 '뇌물 경영'에서 드러났듯 게임사들은 천문학적인 '현금'을 무기로 사업을 확장하면서 수많은 잡음과 부작용을 낳았다. 이번에 기사를 빼면 광고를 줄 수 있다는 넷마블의 '은밀한 제안'도 게임업계의 불투명한 경영의 한 단면이라고 전문가들은 지적했다. (하략)

여기서 권위지를 표방하는 세계적 언론들이 대부분 1면에 광고를 싣지 않거나 적게 싣고 있는 것도 우리 신문들과 비교해볼 만한 대목이다. 사실 언제나 신문 1면의 1/3을 광고로 채우면서도 정론지를 자처하는 신문들은 세계에서도 유례를 찾을 수 없는 일이다. 미국이나 서구의 주요 언론들이 1면에 광고를 게재하지 않거니와, 일본 신문의 경우에도 1면 광고는 3단을 넘지 않고 그나마 대부분을 서적 광고로 채운다. 이런 차이는 어디에서 연유하는 것일까.

한 가지 명백한 것은 이들 나라 역시 자본주의 경제 질서를 택하고 있으나 우리 신문들처럼 철저하게 가문 중심의 족벌 경영체제를 이루고 있는 건 아니라는 사실이다. 신문자본의 힘이 분산되어 있다는 사실은 분산된 바로 그만큼 신문 편집에서 편집책임자의 자율성이나 권한이 많다는 것을 의미한다. 1면 하단에 언제나 광고를 싣고 그것도 모자라 지면 사이에 돌출광고를 마구 집어넣는 우리 신문의 상업적 관행은 신문의 상식에 어긋나는 일이 아닐 수 없다.

우리 사회에서도 일부 편집자들 사이에서 1면에 광고를 싣지 말자는 움직임이 있었으나 광고 수입이 대폭 줄어든다는 점에서 언론 소유주에 의해 일축된 바 있다.

어쨌든 1면에 광고를 싣지 않을 만큼 서방 언론인들에게 1면 편집은 우리보다 더 중요하게 인식되고 있다. 물론 그렇다고 해서 서방의 신문 편집자들이 광고에 초연하다는 것은 전혀 아니다. 흔히 '언론천국'으로 오해되고 있는 미국에서도, CBS 사장을 역임했던 프랭크 스탠턴Frank Stanton이 "우리는 광고에 의해 유지되고 있으므로 광고주들 전체의 일반적인 목적과 욕구를 고려하지 않을 수 없다"는 고백을 하고 있다.

실제로 유럽과 미국의 언론사를 들춰보면 기업들에 비판적인 진보 신문들은 광고주의 광고 거부로 인해 이미 20세기 초에 대부분 몰락했다. 판매 수입보다 광고 수입의 비중이 압도적으로 늘어나면서 튼튼한 광고 수입이 보장된 보수 신문들이 신문 판매가 인하를 단행했고, 이는 진보적 언론의 숨통을 조이는 직접적 계기가 되었다. 광고주들의 영향력이란 측면에서 보면, 그들이야말로 어쩌면 진정한 권력인지 모른다.

한국의 기자들에게도 광고의 영향력은 갈수록 커지고 있다. 전국언론노동조합이 발행하는 미디어비평 전문지 『미디어오늘』이 2002년 5월 창간 7돌을 맞아 전국의 기자들을 상대로 한 설문조사 결과 언론활동을 하는 데 기자들이 가장 큰 압력을 느끼는 대상으로 광고주를 가장 많이 꼽는 것(79%)으로 나타났다. 그 다음이 신문사주(67.2%)이고 정치권력에 느끼는 부담(46.1%)은 크게 떨어지고 있다.

광고주들, 곧 경제권력은 신문 편집에 정치권력 이상의 막강한 영향력을 끼치면서도 일반 독자들에게 잘 알려져 있지 않다는 점에서 '숨은 권력'이다. 바로 이 지점에서 신문 편집의 경제학은 편집의 정치학과 만난다. 그 상징적 사건이 1997년 겨울에 일어났다. 큰 광고주들인 재벌에 대한 비판 기사를 제대로 편집하지 못함으로써 재벌들의 거품경영이 눈덩이처럼 커져갔고 그 결과가 1997년 겨울에 닥쳐온 IMF사태(국제통화기금의 구제금융체제에 한국 경제가 편입된 사건)였다. 만일 한국의 재벌들이 언론의 입을 틀어막지 않았더라면 IMF사

〈자료 45〉 미디어오늘, 2002년 5월 16일자 1면

태는 사전에 '예방'되었을 가능성이 높다. 여기서 '신문 읽기의 혁명'
이 왜 필요한가를 새삼 확인할 수 있다.

　지금까지 이 책을 읽어온 독자들은 이제 비로소 우리가 매일매일
받아보는 편집된 신문 지면 뒤에 감추어져 있는 복잡한 내부구조를
투명하게 들여다볼 수 있는 실마리를 발견한 셈이다. 그 실마리는 무
엇일까. 다음 마당에서 찾아보자.

　다만, 한 가지 짚고 넘어갈 게 있다. 독자들 가운데 더러는 '신문사
도 어차피 이윤 증식을 목적으로 하는 하나의 기업인데 지나친 기대

를 할 필요가 있느냐'라고 의문을 제기할 수 있다. 그러나 신문이 단순한 사기업私企業 이상의 의미가 없다면, 우리가 언론의 자유다 뭐다 해가면서 굳이 신문에 온갖 특혜와 배려를 할 이유가 없다는 점 또한 분명히 해둘 필요가 있다.

셋째 마당

사설을 읽어야 이 편집 보인다

1. 신문 사설
─편집읽기의 열쇠

어느 신문도 독자들에게 단순한 '객관적 보도'나 광고 전달 기능에만 머물고 있지는 않다. 광고는 접어두고라도 편집된 지면 자체도 '사실'의 전달에 그치지 않고, 이를 분석하거나 전망하는 해설기사를 내보냄으로써 적극적으로 논평 행위를 한다.

독자들의 삶에 큰 영향을 끼칠 사건이 일어났다고 가정해보자. 먼저 사건이 일어난 현장에서 그 사실을 최대한 객관적 시각으로 취재해 기사화하고 이를 1면 머리기사로 다듬어 편집하게 된다. 동시에 그 사실과 관련한 분석이나 해설기사는 3면 종합 해설면의 머리기사로 편집하는 것이 통상적이다. 이때의 분석기사나 해설기사 또한 기자 자신의 주관은 최대한 절제하여 작성하는 것을 미덕으로 하고 있다. 신문이란 그 자체가 공적 매체이므로 취재에서 편집까지 기자 자신의 주관이 무분별하게 드러나는 것은 설득력도 떨어질뿐더러 바람직하지도 않기 때문이다.

　물론 앞에서 살펴보았듯이, 엄밀한 의미의 객관 보도란 사실상 불가능하다. 언론학계 일각에서는 보도의 객관성을 주장하는 것은 '부르주아적 위선'이라고 통렬히 논박하고 있기도 하다. '가진 자'들의 이익을 대변하면서 그것을 객관 보도라는 형식으로 위장하고 있다는 것이다.

　문제는 그런 논란과는 별개로, 기자 자신이 기사를 통해 자신의 설익은 개인적 의견을 주장하는 것은 설득력을 위해서라도 삼갈 필요가 있다. 뉴스기사든 분석기사든, 기사 작성과 표제 구성의 원칙은 동일하다. 어떤 사건이나 사실을 가능한 객관적으로 바라보고 이를 바탕으로 튼튼한 논리를 전개해 현실을 깊이 있게 보여주는 것이다. 언론계에서 수습기자들에게 기사나 표제 작성의 엄밀함을 일깨워주기 위해 다음과 같은 '격언'을 들려주는 것도 같은 맥락이다. "연필을 뾰족하게 깎아서 써라."

　그런데 기사나 편집과 달리 특정한 사안에 대한 가치판단이 강렬하게 나타나는 것을 오히려 미덕으로 하는 지면이 있다. 우리가 일상적으로 접하는 지면과 달리 그 신문사의 시각을 확연히 드러내는 대단히 중요한 영역이다. 사설社說이 곧 그것이다. 이는 분명 지금까지 우리가 논의해온 기사나 표제의 영역과는 다른 부분이다.

　사설은 어느 신문이든 그 지면에서 '특별대우'를 받는다. 종합해설면에 가거나 맨 끝 면에 자리하거나, 아무튼 독자들의 눈길이 많이

가는 곳에 자리한다. 실제로 독자들에게 사설이 주는 영향력은 상당하다. 자신이 구독하는 신문의 사설을 주의 깊게 읽고 난 뒤 어떤 사회적 문제에 대하여 자신의 태도를 결정하는 독자들이 상당수에 이른다. 물론 우리 신문들의 사설 수준이 과연 그런 판단에 걸맞은지에 대해서는 많은 독자들이 회의적이겠지만, 어쨌든 신문들의 사설이 지닌 영향력은 정부의 정책을 좌지우지할 만큼 크다.

사설의 힘이 이토록 큼에도 불구하고, 사설이란 무엇이고 도대체 누가 어떻게 쓰는가에 대해서 독자들이 잘 모르고 있다는 것도 역설적이다. 물론 논설위원이 쓰는 글이라는 정도는 누구나 알고 있다. 그러나 논설위원은 신문사 안에서 어떤 위치이고 그가 쓰는 사설은 어떻게 수정작업을 거치게 되는지에 대해서는 제대로 알려져 있지 않다. 특히 사설이 신문 편집과는 어떤 관계를 갖고, 더 나아가 사설이 신문광고와는 어떤 함수관계가 있는지에 대해선 더욱 그렇다.

사설社說이란 말 그대로 신문사의 설說, 곧 주장이다. 날마다 일어나는 여러 사건들 가운데 각 신문사가 그날 하루 가장 중요한 사안이라고 판단한 부분에 대해 신문사의 시각을 명백히 밝히는 지면이다. 따라서 객관적 형식을 중요시하는 신문 편집과는 전혀 다른 영역이지만, 그렇다고 완전히 독자적인 것은 또 아니다.

우리는 앞에서 신문이 편집 과정을 거치면서 객관적 사실들이 지면에 실리기까지 얼마나 많은 관문이 있는가를 살펴본 바 있다. 사실 그 각각의 관문에서 기사나 표제어를 선택하는 궁극적 기준에 대해서 우리는 따져보지 않았다. 다만 각각의 관문에서 가치판단이 이루어지고 있다는 점만 강조했을 뿐이다. 그러나 독자들은 이제 그 가치판단의 기준이 과연 무엇인가라는 물음을 던질 때가 되었다.

교과서적으로 말한다면, 그 가치판단의 기준은 곧 신문의 편집 철학이라 할 수 있다. 그 방향이 농축된 것이 바로 신문의 사시社是다. 사시란 어느 신문이든 자신들이 지향하는 목표를 대내외적으로 공포한 것이다.

독자들이 어떤 신문을 구독하고 있든 신문사마다 내세우고 있는 신문 편집의 이념, 곧 사시는 다음과 같이 다양하다.

『조선일보』

1. 불편부당

2. 산업 발전

3. 문화 건설

4. 정의 옹호

『동아일보』

1. 민족의 표현 기관으로 자임함

2. 민주주의를 지지함

3. 문화주의를 제창함

『중앙일보』

1. 사회정의에 입각하여 진실을 과감 신속하게 보도하고 당파를 초월한 정론을 환기함으로써 모든 사람이 밝은 내일에의 희망과 용기를 갖도록 고취한다.
2. 사회복지를 증진시키기 위하여 경제후생의 신장을 적극 촉구하고 온갖 불의와 퇴영을 배격함으로써 자유언론의 대경대도를 구축한다.
3. 사회공기로서의 언론의 책임을 다함으로써 이성과 관용을 겸비한 건전하고 품위 있는 민족의 목탁이 될 것을 자기한다.

『한국일보』

1. 춘추필법의 정신
2. 정정당당한 보도
3. 불편부당한 자세

이렇듯 주요 신문들의 사시는 대부분 지고지선의 말로 구성되어 있다. 사시로만 본다면 우리 사회에서 발행되는 모든 신문들이 진실만을 추구하고 보도해야 마땅하다. 그러나 사실상 사시는 그냥 '모양 갖추기'일 뿐 사시로서 제구실을 전혀 못하고 있는 게 엄연한 현실이다. 독자들이 편집 방향을 알기 위해서 사설을 꼼꼼히 읽는 수고가 필요한 까닭이 여기에 있다. 추상적으로 내건 사시를 매일매일 지면에 구체적으로 구현하는 게 신문사의 주장, 사설이다.

　사설을 통해 신문사의 편집 방향을 읽는 것은 비단 독자들만의 신문 독법에 그치지 않는다. 이는 기사를 쓰고 표제를 작성하는 일선 기자들에게도 마찬가지이다. 기자들 또한 사설 읽기를 통해 자신이 몸담고 있는 신문사가 특정 사안에 대해 갖고 있는 관점을 구체적으로 이해하게 된다. 사설을 통해 인식한 가치관이 결국 기사를 쓰거나 지면을 편집할 때 기자들의 판단을 지배하게 된다. 바로 그 점에서 사설은 '편집 읽기의 열쇠'가 된다. 삶의 현실을 걸러내는 것이 편집이라고 할 때, 왜 그렇게 편집되었는지 또 편집된 지면은 과연 진실인지를 비판적 안목으로 바라볼 수 있는 중요한 잣대가 사설이기 때문이다.

　예컨대, 첫째마당에서 '백남기 농민 사인' 기사 비교를 통해 『조선일보』가 2016년 10월 4일에 다른 신문과 달리 '병사'에 무게를 실어 부각한 사실을 살펴보았다. 『조선일보』『동아일보』『한겨레』의 편집 차이는 어디서 비롯할까. 백남기 농민이 경찰의 물대포에 맞아 사실상 뇌사상태에 빠진 2015년 11월 14일의 민중총궐기대회 직후에 각 신문들이 낸 사설을 읽어보면 그 차이를 쉽게 파악할 수 있다.

　백남기 농민이 의식을 회복할 가능성이 전혀 없는 상황이었음에도 『조선일보』와 『동아일보』는 민중총궐기대회와 관련한 첫 사설에서 백씨에 대한 언급 없이 집회에 참석한 민중들이 "과격 폭력 시위로 서울 도심을 아수라장으로 만들었다"며 "도심 테러성 시위"라고

규정하고 "엄벌하라"(2015년 11월 16일자)고 주장했다. 『동아일보』도
「무기력한 공권력-감싸는 야당이 폭력시위 키웠다」 제하의 같은 날
사설에서 백남기 농민을 죽음에 이르게 한 공권력을 "무기력"하다고
개탄했다.

두 신문의 사설이 백남기 농민을 언급한 것은 그 다음날이다. 하지
만 여기서도 차이가 나타난다. 먼저 「야당이 폭력과 결별해야 도심
난동 악습 끝난다」 제하의 『조선일보』 사설(2015년 11월 17일자)을 읽
어보자.

지난 14일 서울 도심에서 좌파 단체 53곳이 그들 말대로 "마음만 먹
으면 나라를 마비시킬 수 있는" 도심 난동을 벌인 지 사흘이 지났다. 예
상됐던 대로 새정치민주연합은 16일 "경찰 진압 방식의 폭력성이 도
를 넘었다"고 경찰을 비난했다. 문재인 대표는 "국민은 정부의 살인적
행위를 똑똑히 목도했고 경찰의 무차별적 진압에 분노하고 있다"고 했
다. 경찰의 물대포에 관한 대책위원회도 만들기로 했다. 위원장에는 이
날 폭력집회에 직접 참가한 정청래 최고위원이 임명됐다. 경찰 버스를
밧줄로 묶어 끌어내리려던 농민 한 명이 물대포에 맞아 중태에 빠진 것을
문제 삼은 것이었다. 문 대표 등은 이 모든 문제가 쇠파이프를 휘두르
고 방화까지 한 시위대 때문이라는 명백한 사실에 대해선 한마디도 언
급하지 않았다.

국민은 누구나 집회와 시위의 자유가 있지만 이는 법과 공공질서를

社 說

야당이 폭력과 결별해야 도심 난동 악습 끝난다

지난 14일 서울 도심에서 좌파 단체 53곳이 그들 말대로 "마음만 먹으면 나라를 마비시킬 수 있는" 도심 난동을 벌인 지 사흘이 지났다. 예상됐던 대로 새정치민주연합은 16일 "경찰 진압 방식의 폭력성이 도를 넘었다"고 경찰을 비난했다. 문재인 대표는 "국민과 정부의 살인적 행위를 똑똑히 목도했고 경찰의 무차별적 진압에 분노하고 있다"고 했다. 경찰의 물대포로 인한 대책위원회도 만들기로 했다. 위원장에는 이날 폭력집회에 직접 참가한 정청래 최고위원이 임명됐다. 경찰 버스를 밧줄로 묶어 끌어내리던 농민 한 명이 물대포에 맞아 중태에 빠진 것을 문제 삼은 것이었다. 문 대표 등은 이 모든 문제가 쇠파이프를 휘두르고 방화하게 한 시위대 때문이라는 명백한 사실에 대해선 한마디도 언급하지 않았다.

국민은 누구나 집회와 시위의 자유가 있지만 이는 법과 공공질서를 지키고, 타인의 권리를 침해하지 않는 범위 안에서 인정된다. 이는 문명·민주 사회의 상식이자 철칙이다. 우리나라에선 도심 난동을 일삼는 세력이 이 기본 전제가 바로 서는 것을 기를 써서 막으려 하고 있다. 그래야만 자신들이 설 자리가 있기 때문이다.

지난 주말 서울 도심을 난장판으로 만든 세력은 쇠파이프나 사다리 등으로 경찰 차량을 부수고, 경찰을 붙잡아 때리고, 벽돌과 빈병 등을 던졌다. 새총에 돌을 넣어 경찰을 향해 쏘는 사람도 있었다. 경찰이나 시민이 맞으면 실명할 수 있는 위험한 행동이었지만 그런 이성(理性)이 작동할 여지가 없는 현장이었다. 일부는 "시너를 가져오라"고 동료에게 지시하기도 했다. 경찰관들이 돌이나 쇠파이프에 맞아 쓰러지자 "잘했다"는 환호성이 터져 나왔다. 폭발성이 강한 스프레이에 불을 붙여 버스 안으로 던져 넣고, 불붙은 신문지를 주유구에 집어넣어 방화를 시도했다. 이적 단체나 이석기 전 통진당 의원의 석방을 요구하는 구(舊)통진당 세력까지 포함돼 이 난동을 벌였다. 일부 부서진 경찰버스는 50대, 다친 경찰은 113명이나 됐다. 난동이라는 말로도 이런 무도한 행태를 표현하기엔 부족하다. 선진국에서였다면 물대포가 아니라 그 이상의 강력 진압에 총동원됐을 것이다.

2008년 광우병 촛불 사태를 주도한 세력은 끝내 나면 서울 도심에서 그런 난동을 재연하려 한다. 광우병 사태 자체가 허위·과장 보도에 따른 허망한 소동이었는데도 도심 난동만은 이유와 목적을 달리하면서 계속되고 있다. 보통 극단적 행동들을 일삼는 세력은 점차 고립되어 소멸하는 법이다. 우리 사회에서도 폭력 시위대는 양식 있는 국민에게서 점차 외면받고 있다. 하지만 아직도 이들이 고립·소멸되지 않고 때때로 난장판을 벌이며 존재를 과시할 수 있는 것은 막강한 권력을 가진 야당이 그 무릎 받쳐주고 있기 때문이다.

우리 야당의 상당수는 민주화 운동 출신이다. 뿌리가 폭력 시위 세력과 겹치는 부분이 작지 않다는 뜻이다. 그러나 이제 민주화되고, 야당이 여당보다 더 큰 국회 권력을 휘두르는 우리 사회에서 야당이 아직도 세상을 '동지 아니면 적(敵)'이라거나 '네 편, 내 편'으로 보던 이분법에서 벗어나지 못하고 있다면 개탄스러운 일이다. 야당이 극단적 행동조차 님이나 질서, 타인 권리 보호라는 눈이 아니라 '동지'나 '내 편'이라는 눈으로 본다면 우리나라의 법질서는 상시적인 위기 상태에 있는 것이나 마찬가지다.

2008년 광우병 촛불 집회 때 벌어진 폭력 행위에 대해 이성적 대처를 호소한 야당 의원은 한 사람도 없었다. 상당수는 날마다 벌어진 집회에 참가했다. 작년 세월호 참사와 관련된 불법 집회 때도 비슷했다. 야당은 대선 때는 절반 가까운 국민의 지지를 받는다. 현재 의석 43%를 갖고 있다. 이런 야당이 폭력 시위 집단을 비호하게 된 것은 우리 사회와 정치의 큰 불행이다.

야당은 도심 난동의 반(反)정부를 표방하는 만큼 정치적으로 득이 될 것으로 보고 있는 듯하다. 이 세력의 지지를 얻을 경우 우를 걱정하고도 있을 것이다. 하지만 세상이 바뀌고 있다. 양식 있는 국민은 국정교과서나 노동 개혁과 같이 견해가 다르고 이해가 엇갈리는 사안에 대해 끝 막고 대화로 풀어야 한다거나 토론으로 경쟁하고 선거로 심판하기를 바라고 있다. 야당이 이 변화를 받아들이지 않으면 세월호 참사 때 정부 지지율이 폭락한 상황에서 치른 작년 7·30 재·보선에서 참패했던 사태가 앞으로도 이어질 것이다.

도심 난동 세력은 이미 1월부터 시위를 기획했고, 홈페이지에도 미리 계획을 띄워놓았다. 그런데도 정부는 한 일이 뭔가. 시위 주동자들도 논쟁에서 놓쳤다. 불법 시위 때마다 엄정 대처를 말하던 시간이 지나면 흐지부지된 게 한두 번이 아니다. 정부가 여기서 난동 악습을 끊겠다는 각오를 하지 않으면 또 그 전철을 밟을 게 뻔하다.

〈자료 46〉 조선일보, 2015년 11월 17일자 A35면

지키고, 타인의 권리를 침해하지 않는 범위 안에서 인정된다. 이는 문명·민주 사회의 상식이자 철칙이다. 우리나라에선 도심 난동을 일삼는 세력이 이 기본 전제가 바로 서는 것을 기를 써서 막으려 하고 있다. 그래야만 자신들이 설 자리가 있기 때문이다.

지난 주말 서울 도심을 난장판으로 만든 세력은 쇠파이프나 사다리 등으로 경찰 차량을 부수고, 경찰을 붙잡아 때리고, 벽돌과 빈병 등을 던졌다. 새총에 돌을 넣어 경찰을 향해 쏘는 사람도 있었다. 경찰이나

시민이 맞으면 실명할 수 있는 위험한 행동이지만 그런 이성理性이 작
동할 여지가 없는 현장이었다. 일부는 "시너를 가져오라"고 동료에게
지시하기도 했다. 경찰관들이 돌이나 쇠파이프에 맞아 쓰러지자 "잘했
다"는 환호성이 터져 나왔다. 폭발성이 강한 스프레이에 불을 붙여 버
스 안으로 던져 넣고, 불붙은 신문지를 주유구에 집어넣어 방화를 시
도했다. 이적 단체나 이석기 전 통진당 의원의 석방을 요구하는 구舊통
진당 세력까지 포함돼 이 난동을 벌였다. 일부 시위대는 술판을 벌이며
온갖 추태를 보였다. 이날 부서진 경찰버스는 50대, 다친 경찰은 113명
이나 됐다. 난동이라는 말로도 이런 무도한 행태를 표현하기엔 부족하
다. 선진국이었다면 물대포가 아니라 그 이상의 강력 진압책이 총동원
됐을 것이다.

2008년 광우병 촛불 사태를 주도한 세력은 틈만 나면 서울 도심에
서 그런 난동을 재연하려 한다. 광우병 사태 자체가 허위·과장 보도에
따른 허망한 소동이었는데도 도심 난동만은 이유와 목적을 달리하면서
계속되고 있다. 보통 극단적 행동을 일삼는 세력은 점차 고립되어 소멸
하는 법이다. 우리 사회에서도 폭력 시위대는 양식 있는 국민에게서 점
차 외면받고 있다. 하지만 아직도 이들이 고립·소멸되지 않고 때마다
난장판을 벌이며 존재를 과시할 수 있는 것은 막강한 권력을 가진 야당
이 그 뒤를 받쳐주고 있기 때문이다.

우리 야당의 상당수는 민주화 운동 출신이다. 뿌리가 폭력 시위 세력
과 겹치는 부분이 작지 않다는 뜻이다. 그러나 이제 민주화되고, 야당

이 여당보다 더 큰 국회 권력을 휘두르는 우리 사회에서 야당이 아직도 세상을 '동지 아니면 적敵'이라거나 '네 편, 내 편'으로 보던 이분법에서 벗어나지 못하고 있다면 개탄스러운 일이다. 야당이 극단적 행동조차 법이나 질서, 타인 권리 보호라는 눈이 아니라 '동지'나 '내 편'이라는 눈으로 본다면 우리나라의 법질서는 상시적인 위기 상태에 있는 것이나 마찬가지다.

2008년 광우병 촛불 집회 때 벌어진 폭력 행위에 대해 이성적 대처를 호소한 야당 의원은 한 사람도 없었다. 상당수는 날마다 벌어진 집회에 참가했다. 작년 세월호 참사와 관련한 불법 집회 때도 비슷했다. 야당은 대선 때는 절반 가까운 국민의 지지를 받는다. 현재 의석 43%를 갖고 있다. 이런 야당이 폭력 시위 집단을 비호하게 된 것은 우리 사회와 정치의 큰 불행이다.

야당은 도심 난동이 반反정부를 표방하는 만큼 정치적으로 득이 될 것으로 보고 있는 듯하다. 이 세력의 지지를 잃을 경우를 걱정하고도 있을 것이다. 하지만 세상이 바뀌고 있다. 양식 있는 국민은 국정교과서나 노동 개혁과 같이 견해가 다르고 이해가 엇갈리는 사안에 대해 길 막고 때려 부수는 데모가 아니라 토론으로 경쟁하고 선거로 심판하기를 바라고 있다. 야당이 이 변화를 받아들이지 않으면 세월호 참사로 정부 지지율이 폭락한 상황에서 치른 작년 7·30 재·보선에서 참패했던 사태가 앞으로도 이어질 것이다.

도심 난동 세력은 이미 지난 1월부터 시위를 기획했고, 홈페이지에

도 미리 계획을 띄워놓았다. 그런데도 정부는 한 일이 뭔가. 시위 주동
자들도 눈앞에서 놓쳤다. 불법 시위 때마다 엄정 대처를 말하다 시간이
지나면 흐지부지된 게 한두 번이 아니다. 정부가 여기서 난동 악습을
끊겠다는 각오를 하지 않으면 또 그 전철을 밟을 게 뻔하다.

평소보다 더 길게 쓴 사설에서 백남기 농민에 대해선 "농민 한 명
이 물대포에 맞아 중태에 빠진 것을 문제 삼은 것"이라는 대목이 전
부다. 그 언급 또한 야당을 비난하기 위해서다. 같은 날 『동아일보』
사설(「문재인은 폭력난동과 평화시위도 분간 못하나」)은 『조선일보』 사설
과 결이 조금 다르다.

새정치민주연합 문재인 대표는 폭력시위로 번진 '민중총궐기대회'와
관련해 어제 최고위원회의에서 "정부는 국민 앞에 사과하고 국회 국정
조사와 엄정한 수사를 통해 책임자 처벌과 재발 방지를 약속해야 한다"
고 말했다. 문 대표는 "박근혜 정부가 생존권을 요구하는 국민에게 살
인적 폭력 진압을 자행했다"고 시위진압만 비판했다.

경찰이 물대포를 쏘며 시위대를 저지하는 과정에서 전국농민회총연
맹 소속 백모 씨(69)가 중태에 빠진 것은 안타까운 일이다. 하지만 청
와대 진출을 시도하며 차도를 점거한 시위대가 쇠파이프와 각목, 횃불
까지 동원해 과격 폭력시위를 벌인 과정에는 상습 시위꾼들이 한몫을
했다. 2008년 광우병 파동 당시 외교통상부 통상교섭본부장인 김종훈

문재인은 폭력난동과 평화시위도 분간 못하나

새정치민주연합 문재인 대표는 폭력시위로 번진 '민중총궐기대회'와 관련해 어제 최고위원회의에서 "정부는 국민 앞에 사과하고 국회 국정조사와 엄정한 수사를 통해 책임자 처벌과 재발 방지를 약속해야 한다"고 말했다. 문 대표는 "박근혜 정부가 생존권을 요구하는 국민에게 살인적 폭력 진압을 자행했다"고 시위진압만 비판했다.

경찰이 물대포를 쏘며 시위대를 저지하는 과정에서 전국농민회총연맹 소속 백모 씨(69)가 중태에 빠진 것은 안타까운 일이다. 하지만 청와대 진출을 시도하며 차도를 점거한 시위대가 쇠파이프와 각목, 횃불까지 동원해 과격 폭력시위를 벌인 과정에는 상습 시위꾼들이 한몫을 했다. 2008년 광우병 파동 당시 외교통상부 통상교섭본부장인 김종훈 새누리당 의원은 "TV를 보니 광우병 때 주먹 쥐고 흔들던 사람들이 등장하더라"고 했다. 시위대에서 29명의 부상자가 발생했지만 경찰관은 113명이 다치고 경찰버스 50여 대가 부서졌다. 문 대표

가 백 씨가 입원한 병원은 방문했지만 다친 경찰관 수십 명이 입원한 경찰병원에 갔다는 소식은 없다.

4월 16일 세월호 참사 1주년 집회와 5월 1일 노동절 집회 이후 6개월 만에 재연된 과격시위로 인근 주민과 상인, 시민들이 큰 불편을 겪었다. 문 대표는 2003년 한총련 시위대의 5·18 행사 관련 시위에 대해 "집회 참가자들도 의무를 준수해야 한다. 폴리스라인을 무너뜨린 건 분명 잘못이다"라고 비판한 바 있다. 노무현 대통령도 같은 해 11월 '합법 시위는 보장하되 불법 폭력시위는 반드시 처벌할 것' 등 시위문화 4대 원칙을 제시한 바 있다. 문 대표가 과격 폭력시위에 침묵한 것은 과거 그의 언행과 비교해 보더라도 잘못됐다.

문 대표는 트위터에 "대한민국 민주주의가 정부의 반헌법적 경찰차벽에 가로막혔다"고 썼다. 그렇다면 차벽을 치워 시위대가 청와대로 돌진하도록 방치해야 하는가. 대통령 후보까지 지낸 정치 지도자의 말이 오락가락해선 안 된다.

〈자료 47〉 동아일보, 2015년 11월 17일자 A35면

새누리당 의원은 "TV를 보니 광우병 때 주먹 쥐고 흔들던 사람들이 등장하더라"고 했다. 시위대에서 29명의 부상자가 발생했지만 경찰관은 113명이 다치고 경찰버스 50여 대가 부서졌다. 문 대표가 백 씨가 입원한 병원은 방문했지만 다친 경찰관 수십 명이 입원한 경찰병원에 갔다는 소식은 없다.

4월 16일 세월호 참사 1주년 집회와 5월 1일 노동절 집회 이후 6개월 만에 재연된 과격시위로 인근 주민과 상인, 시민들이 큰 불편을 겪었다. 문 대표는 2003년 한총련 시위대의 5·18 행사 관련 시위에 대해 "집회 참가자들도 의무를 준수해야 한다. 폴리스라인을 무너뜨린 건 분명 잘못이다"라고 비판한 바 있다. 노무현 대통령도 같은 해 11월 '합법 시위는 보장하되 불법 폭력시위는 반드시 처벌할 것' 등 시위문화 4대

원칙을 제시한 바 있다. 문 대표가 과격 폭력시위에 침묵한 것은 과거 그의 언행과 비교해 보더라도 잘못됐다.

문 대표는 트위터에 "대한민국 민주주의가 정부의 반헌법적 경찰차벽에 가로막혔다"고 썼다. 그렇다면 차벽을 치워 시위대가 청와대로 돌진하도록 방치했어야 하는가. 대통령 후보까지 지낸 정치 지도자의 말이 오락가락해선 안 된다.

『동아일보』 사설은 "백모 씨(69)가 중태에 빠진 것은 안타까운 일이다. 하지만 청와대 진출을 시도하며 차도를 점거한 시위대가 쇠파이프와 각목, 횃불까지 동원해 과격 폭력시위를 벌인 과정에는 상습 시위꾼들이 한몫을 했다"며 최소한 양비론을 편 흔적이 있다. 앞서 살펴본 기사 작성과 편집이 '서울대병원 특위'와 주치의 주장을 모두 담은 것과 일치한다.

반면에『한겨레』는 두 신문과 달리 첫날부터 「살인적 진압에 공안몰이까지 나섰나」 제하의 사설을 내놓았다(2015년 11월 16일자 사설).

사람 한둘 죽어도 상관없다고 작심한 것 같았다. 14일 서울 광화문 일대에서 열린 민중 총궐기 대회에 경찰이 가한 강경진압은 도를 넘어도 한참이나 넘은 것이었다. 사람 얼굴을 조준해 최루액이 섞인 높은 수압의 물줄기를 쏴 쓰러뜨리고, 쓰러진 사람에게 한참이나 물대포를 쏘아대고, 다친 사람을 구호하려는 이들과 구급차에까지 거듭 물대

살인적 진압에 공안몰이까지 나섰나

사람 한둘 죽어도 상관없다고 작심한 것 같았다. 14일 서울 광화문 일대에서 열린 민중 총궐기 대회에 경찰이 가한 강경진압은 도를 넘어도 한참이나 넘은 것이었다. 사람 얼굴을 조준해 최루액이 섞인 높은 수압의 물줄기를 쏴 쓰러뜨리고, 쓰러진 사람에게 한참이나 물대포를 쏘아대고, 다친 사람을 구호하려는 이들과 구급차에까지 거듭 물대포를 퍼부었다. 눈을 의심케 하는 야만이 주말 저녁 서울시내 곳곳에서 벌어졌다. 그렇게 다친 이들 가운데 일흔 살의 농민은 지금 생명이 위중하다. 이런 야수적 진압이 테러와 다를 바 무엇인가.

경찰은 시위대보다 과격했다. 경찰버스가 여러 대 파손되는 등 집회도 다소 과열됐다지만, 경찰의 진압 행태는 지난 몇 년간과 비교하기 힘들 정도로 과했다. 헌법과 법률, 자체 지침까지 무시했으니 폭력적이기까지 하다.

무차별 물대포 공격부터 범죄적 행위다. 경찰은 '살수차 운용지침'에서 정해둔 경고방송이나 예비적 분사도 없이 바로 거리의 시민들에게 대포 같은 직사 물줄기를 쏘았다. 시위 행렬에서 적극적인 공격이 없는데도 그랬으니 집회시위 관리의 법적 기준을 어긴 것이다. '직사살수 때는 가슴 이하 부위를 겨냥한다'는 안전지침과 정반대로 가까운 거리에서 바로 얼굴을 겨냥했다. '부상자가 발생하면 즉시 구호조처를 한다'는 지침도 있지만 실제론 물대포로 구호활동을 방해했다. 죽거나 크게 다쳐도 상관없다는 미필적 고의가 있었다고 볼 수밖에 없다. 이 정도 폭력이라면 현장 책임자와 살수차 작동자 등을 엄히 처벌해야 한다.

경찰 차벽도 헌법과 법률이 정한 바를 벗어났다. 경찰은 이날 집회가 열리기 몇 시간 전부터 서울 시내 곳곳에 몇 겹의 광범위한 차벽을 설치했다. 헌법재판소는 2011년 경찰 차벽이 위헌이라고 결정하면서 "(차벽은) 급박하고 명백하며 중대한 위험이 있는 경우에 한해 비로소 취할 수 있는 거의 마지막 수단"이라고 밝혔다. 유엔 자유권위원회가 최근 지적한 대로 차벽으로 시위대를 격리한다는 발상 자체가 집회의 자유에 대한 심각한 제한이기도 하다. 경찰의 선제적 차벽 설치는 그런 점에서 명백한 위험이다.

그런데도 공안당국은 부끄러워하지 않는다. 되레 집회 주동자들을 전원 사법처리하고 손해배상까지 청구하겠다며 공안몰이에 나설 태세다. 국민 분노가 더 커지면 대체 무엇으로 막겠다는 것인지 묻지 않을 수 없다.

〈자료 48〉 한겨레, 2015년 11월 16일자 30면

포를 퍼부었다. 눈을 의심케 하는 야만이 주말 저녁 서울시내 곳곳에서 벌어졌다. 그렇게 다친 이들 가운데 일흔 살의 농민은 지금 생명이 위중하다. 이런 야수적 진압이 테러와 다를 바 무엇인가.

경찰은 시위대보다 과격했다. 경찰버스가 여러 대 파손되는 등 집회도 다소 과열됐다지만, 경찰의 진압 행태는 지난 몇 년간과 비교하기 힘들 정도로 과했다. 헌법과 법률, 자체 지침까지 무시했으니 폭력적이기까지 하다.

무차별 물대포 공격부터 범죄적 행위다. 경찰은 '살수차 운용지침'에서 정해둔 경고방송이나 예비적 분사도 없이 바로 거리의 시민들에게 대포 같은 직사 물줄기를 쏘았다. 시위 행렬에서 적극적인 공격이 없는데도 그랬으니 집회시위 관리의 법적 기준을 어긴 것이다. '직사살수 때는 가슴 이하 부위를 겨냥한다'는 안전지침과 정반대로 가까운 거리에서 바로 얼굴을 겨냥했다. '부상자가 발생하면 즉시 구호조처를 한다'는 지침도 있지만 실제론 물대포로 구호활동을 방해했다. 죽거나 크게 다쳐도 상관없다는 미필적 고의가 있었다고 볼 수밖에 없다. 이 정도 폭력이라면 현장 책임자와 살수차 작동자 등을 엄히 처벌해야 한다.

경찰 차벽도 헌법과 법률이 정한 바를 벗어났다. 경찰은 이날 집회가 열리기 몇 시간 전부터 서울 시내 곳곳에 몇 겹의 광범위한 차벽을 설치했다. 헌법재판소는 2011년 경찰 차벽이 위헌이라고 결정하면서 "(차벽은) 급박하고 명백하며 중대한 위험이 있는 경우에 한해 비로소 취할 수 있는 거의 마지막 수단"이라고 밝혔다. 유엔 자유권위원회가 최근 지적한 대로 차벽으로 시위대를 격리한다는 발상 자체가 집회의 자유에 대한 심각한 제한이기도 하다. 경찰의 선제적 차벽 설치는 그런 점에서 명백한 위헌이다.

그런데도 공안당국은 부끄러워하지 않는다. 되레 집회 주동자들을 전원 사법처리하고 손해배상까지 청구하겠다며 공안몰이에 나설 태세다. 국민 분노가 더 커지면 대체 무엇으로 막겠다는 것인지 묻지 않을 수 없다.

독자들은 이제 백남기 농민의 사인에 대한 세 신문의 편집이 다른 이유를 확연히 파악했을 터다.

독자들 가운데는 그럼에도 여전히 2015년 민중총궐기대회는 폭력적이지 않았느냐고 반문할 수도 있겠다. 실제로 그렇게 보도한 신문도 있었다. 편집 시각에 따라 다르다고 볼 수도 있지만 독자가 판단하는데 한 가지 검토해볼 사실은 있다. 2015년 민중총궐기대회 당시 문제의 발단은 서울 광화문 광장에서 더는 나가지 못하게 한 경찰의 저지선에 있었다. 그로부터 1년 뒤에 '2016년 민중총궐기대회'가 열렸을 때, 경찰이 '광화문 저지선'을 고수하지 않자 집회는 평화적으로 끝났다. 집회를 주최한 사람들이 경찰의 저지선이 부당하다고 판단해서 낸 가처분신청을 법원도 받아들였다. 2016년 11월부터 활활 타오른 촛불집회에서 민중들은 청와대 100m 앞까지 나아갈 수 있었고, 이 또한 평화적으로 마무리됐다. 최종적인 판단은 언제나 독자의 몫이지만 신문을 비교해 읽으면서 사실관계를 폭넓게 파악할 필요가 있는 것이다.

여기서 한 가지 기억해둘 것은 『조선일보』가 2016년 11월 14일자에서 2면을 다 털어 전면으로 민중총궐기대회를 긍정적으로 보도한 사실이다. 「청와대 900m 앞 몰려간 촛불, 헌법 1조 외쳤다」라는 큼직한 표제 아래 "모든 권력은 국민으로부터 나온다"는 헌법 1조까지 부제로 달았다. "6월항쟁 넘어 최대 규모 '11·12 집회'… "퇴진하라" 한목소리" 부제 아래 기사도 읽어볼 만하다.

〈자료 49〉 조선일보, 2016년 11월 14일자 A01~02면

"대한민국은 민주공화국이다. 대한민국의 모든 권!력!은! 국민으로 부터 나!온!다!"

최순실 게이트 진상 규명과 박근혜 대통령 퇴진을 요구하는 민중 총 궐기 촛불 집회가 열린 12일 오후 7시 30분. 대한민국 헌법 제1조 내용을 노래로 만든 '헌법 제1조'가 서울 종로구 내자동로터리에 울려 퍼졌다. 이곳에 모인 8만명(경찰 추산)을 비롯해 광화문광장 등에 모인 26만명(경찰 추산, 주최 측 추산 100만명)이 '파도 응원'하듯 이 노래를 따라 불렀다. 한 시위 참가자는 "비선 실세인 최씨가 국정을 농락한 것은 권력을 위임받은 대통령이 헌법상 책무를 위반한 것"이라고 말했다. 미국의 반反트럼프 시위 구호인 "당신은 나의 대통령이 아닙니다"라는 팻말을 들고 구호를 외치는 시민도 많았다.

역대 최대 규모 시위가 벌어진 이날 시위대는 청와대에서 $900m$ 떨어진 내자동로터리까지 행진해서 '대통령 퇴진'을 외쳤다. 청와대 인근에서 대형 시위가 벌어진 것은 이날이 처음이다. 경찰은 원래 광화문광장 세종대왕 동상까지만 행진을 허용했다. 그러나 서울행정법원은 이날 "대통령에게 국민 목소리를 전달하려는 게 이 집회의 특수한 목적이다. 집회를 조건 없이 허용하는 것이 민주주의 국가임을 스스로 증명하는 것"이라며 청와대 인근 행진을 허용했다.

흥미로운 사실은 "1년 전과 180도 달라진 집회… 물대포도 쇠파이프도 없어" 제하의 기사다. 하지만 "1년 전과 180도 달라진" 것은

〈자료 50〉 조선일보, 2000년 6월 13일자 A01면

『조선일보』다. 『조선일보』는 1년 전에 경찰이 '교통'을 이유로 설정한 저지선을 넘으려는 민중들을 '도심 테러'로 몰아세웠지만, 2016년 11월에 법원은 '박근혜정권 퇴진 비상국민행동'이 경찰의 집회금지 통고처분에 대해 낸 가처분 신청에 대해 "교통 혼란보다 집회의 자유 보장이 더 우월한 가치"라며 민중들이 "항의하는 대상(청와대)에게

보일 수 있고 들릴 수 있는 거리에서 집회를 개최할 '집회장소선택의 자유'를 본질적으로 침해하고 있다"고 강조했다. 만일 2015년 민중총궐기대회에서도 경찰이 저지선을 무리하게 고수하지 않았다면, 백남기 농민을 비롯한 민중들 또한 경찰 버스를 굳이 흔들 아무런 이유가 없었다. 바로 그렇기에 언론이 "1년 전과 180도 달라진" 것은 1년 전과 달리 100만에 이르는 민중이 집회에 참여했기 때문이다. 『조선일보』 또한 주권자인 민중의 힘 앞에 눈치를 볼 수밖에 없었다.

이는 남북관계를 언제나 적대적으로 보도해온 『조선일보』가 2000년 6월 13일 남과 북의 정상이 평양 순안공항에서 만나 포옹했을 때는 민족적 감동에 편승해 사뭇 파격적으로 편집한 사실과 같은 맥락이다. 반공과 반북 의식에 사로잡힌 신문조차도 편집 방향에서 독자의 정서를 전혀 무시할 수 없다는 사실을 보여준 또 하나의 사례다.

2. 사설과
편집 방향

사설이 편집 방향을 근본적으로 좌우하고 있는 사례를 예로 들자면 한두 가지가 아니다. 한 사회의 주요 의제議題 설정에 미치는 사설의 큰 영향력을 감안할 때, 이 점은 각별한 관심을 요구한다.

여기서는 시대적 과제라 할 민족통일 및 진정한 민주주의 실현과 관련한 신문 사설들의 방향과 흐름을 중심으로 분석해보자. 앞서 남북정상회담과 공동선언에 대한 비판적인 편집을 살펴보았지만 기실 왜곡 보도와 편향 논평의 기원은 오래전으로 거슬러 올라가기 때문이다.

이를테면 1995년 여름에 사상 초유의 홍수로 극심한 식량난을 겪고 있는 북쪽 겨레에게 쌀을 보내자는 지극히 상식적이고 인도적인 움직임이 국내외에서 일어났을 때를 보자. 당시 대다수 신문들의 사설과 기본 편집 방향은 인도적 움직임을 저지하는 데 집중됐다. 더구나 이를 정당화하기 위해 남북관계의 경색을 오히려 부추기는 '여론 몰이'까지 서슴지 않았다.

유엔이 조선민주주의인민공화국에 대해 본격적인 식량 지원에 나서자, 『동아일보』는 「유엔이 나선 북한 식량 지원」 제하의 사설(1996년 5월 28일자)을 통해 "현재 한반도 상황에서 바람직한 것인지 의문"을 제기하고, 미국에 대해서도 "대북한 접근에 보다 신중해야 하며 적어도 4자회담의 성사를 최소한 조건으로 추진해야 한다"고 주장했다. 같은 날 「한국을 제물로 삼지 말라」 제하의 『조선일보』 사설도 "얼빠진 논자"들의 "수박 겉핥기식 정세 인식"을 꼬집으며, 우리가 이들 "서방측 일부 논자들"의 "위선적인 여론몰이"에 결코 끌려가서는 안 된다며 목소리를 높였다.

이튿날 미그29기를 몰고 망명한 이철수 대위의 기자회견 내용을 곧 전쟁이 일어날 듯이 편집한 것도 이와 무관하지 않다. 가령 『서울신문』과 『세계일보』는 1면 머리기사에서 시커먼 바탕에 글자를 큼직하게 부각시켜 「북 24시간 내 서울 함락」 「개전 24시간 내 서울 점령」을 표제로 내세웠다. 『조선일보』와 『동아일보』 『한국일보』 『경향신문』 역시 모두 1면에 이 기사를 중간머리기사로 게재했다. 다음날 『중앙일보』는 컬러 도표로 북쪽의 7일 전쟁에 대한 '한국군 방어 계획'까지 실었다.

여기서 독자들이 제기할 수 있는 의문은, 이 대위의 기자회견을 대대적으로 보도한 신문사의 편집 책임자들이 정말 북쪽이 24시간 내 서울을 점령한다거나 7일 안에 한국을 점령하기 위한 전쟁 준비에 '광분'하고 있는 것으로 믿을까 하는 점이다. 만일 그렇다면 이는 그들이 얼마나 균형감각을 잃고 있는가를 보여주는 증거이며, 그렇지 않으면서도 그렇게 보도하는 것이라면 이는 그들이 얼마나 반민족적인가를 드러내주는 예가 아닐까.

독자들은 군이 미국 국방부 대변인이 "북쪽 전투력이 사상 최저"라고 밝힌 점을 떠올릴 것도 없이, 일개 대위가 그렇게 어마어마한 고급 정보를 어찌 알 수 있겠는지를 상식선에서 판단해보는 것으로 충분하다. 이른바 '7일 전쟁 계획설' 또한 이 대위 사건이 일어나기 10여 년 전에 이미 한 망명자가 '폭로'한 케케묵은 내용임을 기억할 수 있는 독자라면 더욱 그렇다.

문제는 이런 편집 방향이 단순한 선정적인 안보상업주의의 폐해로 그치지 않고, 북쪽에 대한 식량 지원을 반대하는 근거로 제시되고 있다는 점이다. 『경향신문』의 사설(1996년 5월 29일자)이 그 좋은 예이다. 사설은 이철수 대위의 증언이 얼마나 '충격적'인가를 소개한 뒤 "여기서 우리는 대북 쌀 지원을 위해 국제회의까지 추진하고 있는 일부 서방국가들과 국제기구의 움직임이 과연 바람직한 것인가를 묻지 않을 수 없다"며 국제사회의 '분별력'을 촉구하고 있다.

흥미로운 것은 북쪽에 '진출'하고 싶어하는 재벌들이 소유하고 있는 신문에서는 식량 지원이 인도적으로 필요하다는 논조가 조심스럽게 나오고 있는 사실이다. 이는 지금까지의 맹목적인 적대적 대북

北의 전쟁준비와 人權상황

요즘 잇달아 보도되는 북한소식은 하나같이 충격적인 내용들이다. 개전(開戰) 24시간 안에 서울을 점령하는 전략을 세워놓았다는 귀순 이철수대위의 증언이나 러시아로부터 넘겨받은 탈북동포를 현장사살했다는 일본 NHK 방송 보도가 그 대표적인 것들이다.

며칠전 미군기를 몰고 귀순한 전 북한군 조종사 이철수대위가 기자회견에서 밝힌 내용은 북한당국이 얼마나 주민들을 학대하면서 전쟁준비에 몰두하고 있는가를 적나라하게 보여주고 있다. 이대위는 『인민들은 헐벗고 굶주리고 있는데 김정일은 인민들이 자고 있는 사이에 공격을 개시, 순식간에 남조선을 점령하여 아침에 인민들이 남조선 점령을 알 수 있게 하라는 지시를 했다』고 털어놓았다.

이어서 그는 『해외에 망명하거나 월남한 사람의 가족들에겐 노예같은 생활이 기다리고 있다』며 북녘땅에 남겨두고 온 가족들의 고초를 걱정하기도 했다. 한마디로 김정일체제는 전쟁준비를 위해 전 주민들에게 굶주림과 반문명적인 고통을 강요하고 있음을 말해주고 있는 증언이다. 대학생 시위대가 친북·반미구호를 외치면서 도심을 점거하고 적기가 넘어오는데도 방공경보기가 먹통인 우리와는 너무나 대조적이 아닐 수 없다.

게다가 탈출주민 1명의 신병을 인수받은 즉시 현장에서 사살했다는 일본 NHK방송의 보도는 북한의 인권수준이 어느 정도인지를 단적으로 보여준다. 작년 12월 러시아 블라디보스토크 공항에서 있었던 이야기를 연해주지사가 직접 기자회견에서 밝힌 내용이고 보면 근거없는 사실은 아닐 것이다. 이같은 끔찍한 일이 벌어지자 러시아당국은 나머지 2명은 북한에 인도하지 않고 블라디보스토크의 한 구치소에 감금했다고 한다.

여기서 우리는 대북 쌀지원을 위해 국제회의까지 추진하고 있는 일부 서방국가들과 국제기구의 움직임이 과연 바람직한 것인가를 묻지않을 수 없다. 북한의 굶주리는 주민들을 위해 인도적 견지에서 직접 그들에게 쌀을 건네준다면 누가 그것을 탓하겠는가. 문제는 지원한 쌀이 주민들에게 거의 돌아가지 않는다는 데에 있다. 외부에서 지원한 쌀은 우선적으로 군부대에 배급된다는 것이 이철수대위의 증언이 아닌가.

따라서 국제사회는 대북 쌀지원의 의미와 결과가 무엇인지를 재음미하기 바란다. 「인도적 견지」에서 지원한 쌀이 결과적으로는 인권탄압과 전쟁준비를 조장하는 것이 되지 않도록 분별력있게 대처하기 바란다.

〈자료 51〉 경향신문, 1996년 5월 29일자 사설

관으로부터 벗어났다는 점에서 긍정적이라 할 수 있지만, 그 이면에는 북쪽을 흡수할 시장으로 접근하려는 재벌 논리가 잠재되어 있다는 점을 염두에 둘 필요가 있다.

우리 신문들의 북쪽 겨레에 대한 비인도적 편집 행태들은 곧이어 흉작 보험금 사건에서 세계적 망신으로 이어진다. "북한이 흉작과 관련해 유럽 보험사들로부터 1억3000만 달러에 이르는 보험금을 타갔다"는 보도가 그것이다. 특히 『조선일보』와 『중앙일보』(1996년 6월 9일자)는 모두 이 기사를 1면 또는 2면에 컷까지 떠서 대대적으로 편집했다.

두 신문은 또 각각 대형 해설기사를 편집하면서 흥작 보험금이 「식량 지원에 새 변수」라거나 「사용처에 관심 집중」이라는 표제를 달고 있다. 「유엔 지원분의 3배 규모」라며 「식량난 해소에 사용 안 해」라는 단정적 표제까지 등장했다. 그러나 우리 언론의 이러한 '흥분'은 있지도 않은 사실을 갖고 난리를 피운 것임이 곧 밝혀졌다. 미국 국무부 대변인이 6월 11일 이를 부인한 데 이어, 이튿날에는 미국의 『워싱턴포스트』가 기획기사를 통해 정면으로 반박했던 것이다. 유럽의 보험사들도 "한국 언론 보도는 모두 엉터리"라는 말을 서슴지 않았다.

국제사회에서 거센 반론이 일자 1억3000만 달러를 확인해준 정부 당국자가 나중에서야 발뺌을 한 것은 정부의 공신력을 크게 실추시킨 부끄러운 일이었다. 그러나 보다 더 큰 문제는 우리 신문들의 무분별한 편집 행태라 하겠다.

〈자료 52〉과 〈자료 53〉에서 뚜렷이 대조되듯이, 보험금 기사를 2면 중간머리기사로 실었던 『조선일보』는 그게 사실이 아니라고 밝혀지자 그 기사를 2면에 2단 기사로 보일락 말락 하게 편집했다. 표제도 「북 냉해보험 천3백만 불 받아」라고 구성했다. 정정이나 해명이 없기는 사설도 다를 바 없다. 「북 보험금 어디다 썼나」 제하의 사설을 통해 1억3000만 달러의 규모가 얼마나 큰가를 설명한 뒤 "그러나 북한은 그 보험금을 식량난을 때우는 데 사용하지 않고 다른 목적으로 전용하고 있는 것으로 국제사회에 인식되고 있다"며 "대북 식량

〈자료 52〉 조선일보, 1996년 6월 9일자 2면 · 〈자료 53〉 조선일보, 1996년 6월 14일자 2면

〈자료 54〉 조선일보, 1996년 6월 11일자 사설

지원 압력을 받고 있는 우리의 입장에선 심히 의아하고 불쾌할 뿐"
이라고 지적했던 『조선일보』는 사설의 바탕이 된 소재가 사실이 아
닌 것으로 드러났음에도 아무런 해명을 하지 않았다. 국제사회의 인
도적 지원까지 발목잡고 나선다는 '오해'를 사고 있는 김영삼 정권과
그 '오해'의 골을 한층 깊게 만든 신문들이 해명이나 정정 보도에 소
홀한 것을 어떻게 보아야 할까.

언론이 남북관계에서 편향된 논리로 사설을 작성하고 그에 맞춰
편집을 하는 또 다른 사례로 1996년 2월 언론계 안팎에서 화제가 되

었던 이른바 '세계적인 특종기사'를 꼽을 수 있다. 『조선일보』는 자신들이 단독으로 보도한 「김정일 본처 서방 탈출」 기사를 보고 세계가 놀랐으며 서방 언론들이 대부분 이를 비중 있게 다루었다고 자체 선전을 요란하게 했다. 『조선일보』는 심지어 텔레비전 광고에서도 이 기사가 특종임을 내세웠다.

그러나 「김정일 본처 서방 탈출」이라는 '특종기사'의 표제와 기사는 사실을 실제 이상으로 부풀리고 있다는 점에서 선정적이고 더 나아가 냉전적이다. 그 신문이 통단으로 시커멓게 보도한 표제를 보았을 때 독자들은 당연히 조선민주주의인민공화국 김정일 비서의 공식적인 부인, 우리로 말하자면 대통령 '영부인'이 평양을 탈출하여 망명길에 오른 것으로 받아들이기 십상이다. 만일 그것이 사실이라면 이는 물론 대단히 큰 뉴스가 아닐 수 없다.

그러나 당시 밝혀진 내용만으로 보더라도, 결코 성혜림을 '본처本妻'라고 할 만한 근거가 없었다. 적잖은 언론들이 '옛 동거녀'로 표현한 것도 이를 뒷받침한다. 성혜림을 '김정일 본처'로 규정한 것도 그러하거니와 사실 확인 없이 그가 서방으로 탈출했다는 보도에선 냉전적인 편집 의도가 짙게 깔려 있다는 사실을 발견할 수 있다.

『조선일보』의 편집 의도는 이튿날 「평양의 궁중사극」 제하의 사설(1996년 2월 14일자)에서 노골적으로 드러나고 있다.

김정일의 본처가 서방으로 탈출했다고 한다. (…) 도대체 北은 왜 이

럴까. 북北은 어디로 가고 있는가. 김일성 사망 후 장례 과정에서 모습을 보여주었던 김정일의 계모 김성애는 그 후 전혀 나타나지 않고, 이제 김정일의 본처인 성혜림이 김정일의 총애를 받는 세번째 처 고영희와의 갈등으로 탈출하기까지 이른다. 마치 한편의 궁중사극을 보는 것 같기도 하다. 연개소문이 죽은 후 그의 동생과 세 아들 사이에 벌어졌던 일도 연상시키는 일이다. 김정일 집안에 분란의 증후가 드러나고 북한의 경제난이 국가 기능마저 제대로 수행하기 어려울 정도로 심각하다면 북한 체제에는 문제가 있다고 볼 수밖에 없다. 건강이 좋지 않다고 알려진 가운데서도 '기쁨조'를 즐기고 복잡한 집안 사정이 갈등을 일으키고 나라 경제는 파탄 지경이라면 김정일은 수신제가치국修身齊家治國에 총체적으로 실패하고 있다고 하겠다.

그러나 성혜림 사건은 결코 평양의 '궁중사극'일 수 없다. 문제의 성씨가 평양에 거주하지 않았던 게 10년도 넘었거니와, 연개소문 사후와 김일성 사후를 비교하는 것도 황당한 비약이 아닐 수 없다. 편향된 편집을 사설이 '억지 논리'로 뒷받침해준 사례이다. 그 후 다섯 달 만에 '성혜림 망명'은 오보로 밝혀졌다. 성씨는 처음부터 망명 의사가 없었던 것으로 드러나 '세계적 특종'은 '세계적 오보'로 곤두박질치고 말았다.

그뿐만 아니다. 『조선일보』의 이 사설은 다시 자사의 신문 편집을 확실히 한쪽으로 치우치게끔 추동했다. 『조선일보』는 「평양의 궁중

〈자료 55〉 조선일보, 1996년 2월 15일자 1면

사극」 사설이 나온 바로 다음날 「북 보안요원 '서울 가겠다' 무장 농성」 제하의 기사를 2단 통단의 대문짝만한 크기로 보도했다.

　앞서 살펴본 일련의 『조선일보』 편집 방향은 분명했다. 북쪽 체제가 곧 붕괴되기 직전에 있다는 호들갑이 편집과 사설을 지배하고 있었다. 문제의 심각성은 그 의도를 위해서는 사실조차 마구 부풀린다는 데 있다. 이른바 '보안요원'이 "서울 가겠다"고 주장한 사실도 확인되지 않은 상황이었다. 그나마 부풀릴 사건이 없어지자 이번에는

'김정일 사생활'로 다시 지면을 화려하게 장식했다. '기쁨조'니 '음행'이니 '올빼미'니 하는 비방성 언어들을 서슴없이 표제로 삼아 재탕삼탕 편집했다.

여기서 독자들은 우리 신문들의 냉전적이고 반북적인 보도 자세가 과연 누구를 위한 것인가를 준엄하게 물어야 한다. 냉철히 돌이켜볼 때 이런 보도는 '흡수 통일론자'들까지를 포함한 누구에게도 결코 도움이 되지 않는다. 그럼에도 우리 신문들이 남북문제에서 계속 위기의식을 조장하는 까닭은 무엇일까. 독자들은 지난 1994년 봄과 여름에 걸쳐 일어난 '신 공안정국'에서 우리 언론들의 편집 행위를 되새겨보면 그 의문의 실마리를 찾을 수 있을 법하다.

당시 우리 언론은 판문점의 남북 실무회담에서 북쪽 대표가 말한 이른바 '서울 불바다' 발언을 거두절미하여 1면에 시커멓게 보도하고 사설을 통해 뒷받침함으로써 김영삼정권 초기의 민주화 국면을 일거에 '신공안정국'으로 전환시키는 막강한 힘을 발휘했다. 그 결과 친일 혐의 독립유공자 서훈 재심사라든가 국사 교과서 개편 작업 등이 중단된 것은 물론 김영삼정부의 개혁 정책이 전면 재조정되기에 이르렀다.

이는 노태우정권 출범 이듬해 일어난 고故 문익환 목사의 방북 사건을 우리 언론들이 대대적으로 편집하고 사설을 통해 재야 전반을 공격함으로써 일어난 1989년의 공안정국과도 맥을 같이한다. 이 공안정국으로 말미암아 당시 '5·18 청문회'나 '5공 청산'이 모두 흐지

부지됐던 것은 두고두고 되새김질해볼 대목이다.

『조선일보』는 1면 머리기사로 문 목사의 베이징(북경) 기자회견을 보도하면서 「문씨 "돌아가고 싶지 않다"」는 표제를 달아 문제가 됐다.

문제의 기사를 보자. "평양방문을 마치고 북경에 도착, 하룻밤을 보낸 문익환 목사는 4일 오전 10시 북경 시내 국제클럽에서 기자회견을 갖고 자신이 단독으로 북한행을 결행한 것은 남북문제의 창구를 단일화하고 정부의 책임 하에 이뤄져야 한다는 사실을 이해 못했기 때문이 아니라 당국과 당국, 국회 대 국회 간의 대화와 교류에는 한계가 있다고 믿었기 때문이라고 설명했다"로 시작하는 이 기사는 문 목사가 밝힌 '방북 결행 뜻에 맞춰 작성됐음을 쉽게 알 수 있다.

이 기사는 이어 "그는 귀국 후의 체포 가능성에 대해 '솔직히 말해 들어가고 싶지 않다'고 심경의 일단을 피력하면서 '그러나 만약 붙잡힌다면 그 기회를 정부와 막힌 대화를 트는 기회로 삼겠다'고 말했다"고 보도했다. 문제의 표제는 바로 이 대목에서 나왔다. "체포 가능성에 대해 솔직히 말해 들어가고 싶지 않다"는 기사를 근거로 편집자가 「문씨 "돌아가고 싶지 않다"」는 표제를 작성한 것이다.

그러나 베이징에서 문 목사는 "귀국 후 구속되는 것은 두렵지 않다. 그러나 모처럼 뚫린 남북의 대화 통로가 막히지 않도록 이번만은 감옥에 들어가고 싶지 않다"고 말했다. 따라서 문 목사 가족들이 『조선일보』에 정정보도를 요구한 것도 무리는 아니다.

가족들은 취재기자의 기사 자체에도 문제를 제기했다. 문 목사의

〈자료 56〉 조선일보, 1989년 4월 5일자 1판 1면

〈자료 57〉 조선일보, 1989년 4월 5일자 시내판 1면

말을 거두절미하고 감옥이라는 말을 뺀 채 "들어가고 싶지 않다"고 보도하여 의혹을 사게 했을 뿐만 아니라 편집기자는 한 술 더 떠서 "돌아가고 싶지 않다"라는 식의 표제를 달아 문 목사에 대해 악의적인 편집을 했기 때문이다. 결국 법정으로까지 넘어간 이 왜곡된 신문 편집은 소송에서 정정보도 판결을 받았으며, 이에 『조선일보』는 1989년 9월 28일자 1면에 정정보도문을 싣지 않을 수 없었다.

문 목사 방북 관련 왜곡 편집의 배경은 사설들을 보더라도 명백히 드러난다. 언제나 '민족의 내일을 생각한다'고 자처하는 굴지의 신문들이 문 목사의 방북을 일러 '철없는 소영웅주의자의 행동'으로 몰아세우거나 국가보안법을 엄격히 적용해야 한다고 주장했다.

공안정국과 신공안정국을 부추긴 과거에서 보았듯이 남북문제의 왜곡된 편집과 잘못된 사설 방향은 우리 사회의 진정한 민주화를 언제나 늦춰왔다.

심지어 『조선일보』를 비롯한 대다수 신문들은 1995년 겨울 이른바 '5·18특별법 정국'에서 전두환-노태우 씨를 구속할 때 북쪽의 남침 가능성을 대대적으로 편집하기도 했다.

남북통일이라는 시대적 과제에 대한 왜곡 편집으로 우리 사회의 민주주의를 잠재운 상징적 사례로는 '한총련 마녀사냥'을 꼽을 수 있다. 1996년 8월의 이른바 '연세대 사태' 편집을 들여다보자. 언론은 대학의 젊은 지성인들이 민주적으로 선출한 총학생회의 전국 조직인 한국대학총학생회연합(한총련)에 대해 사실상 '전쟁'을 선포했다.

〈자료 58〉 조선일보, 1996년 8월 16일자 사설

터무니없는 기사 왜곡은 물론 사설과 칼럼을 통해 앞장서서 권력의 탄압을 주문하고 나섰다. 연세대 집회를 전후해 연일 학생운동을 비판해온 『조선일보』 사설 가운데 「주사파 난동과 정치권」이란 사설을 보자.

서울 도심을 쑥대밭으로 만든 난동배들은 본질에 있어 쇠파이프와 화염병으로 무장한 조선노동당 재남在南 행동대원들이자 김정일의 충실한 하수인들이지 대한민국의 학생이 아니다.

〈자료 59〉 조선일보, 1996년 8월 18일자

　　대학생들이 민주적 선거를 통해 구성한 총학생회의 전국적인 대표기구에 대한 '언어폭력'으로 점철되고 있는 이 사설은 그대로 『조선일보』의 신문 편집에 반영된다.

　　〈자료 59〉에 나타나듯 『조선일보』는 당시 한총련 시위가 '국가공권력에 정면 도전'하는 '테러 양상'으로 변질되고 있다고 편집했다. 한편 『동아일보』의 8월 20일자 1면 역시 경찰 쪽 주장만을 일방적으

〈자료 60〉 동아일보, 1996년 8월 20일자 1면

로 반영한 편집이 이뤄졌다. 〈자료 60〉에서 드러나듯 '사수대'가 자수까지 막았다며 시커멓게 먹을 떠 편집했으나, 이는 사실무근으로 밝혀졌다.

한편 익명으로 나가는 사설과 달리 논설위원들이 자신의 이름으로 내보내는 칼럼은 이들의 의식을 보다 또렷하게 파악할 수 있는 자료다.

〈자료 61〉 조선일보, 1996년 8월 24일자
김대중 칼럼

〈자료 62〉 조선일보, 1996년 8월 17일자 류근일 칼럼

〈자료 61〉과 〈자료 62〉는 『조선일보』의 사설 집필자 가운데 가장 영향력 있다는 김대중 씨와 류근일 씨의 기명칼럼이다. 류근일 씨는 이 칼럼에서 "선진 강대국이란 나라에서 단 한 사람이라도 전경이 쇠파이프에 얻어터지는 꼴 봤는가"라고 묻고 "그랬다가는 온몸이 벌집처럼 돼도 옆에서 감히 찍소리 한마디 못 지르는 것이 선진국"이라고 주장했다. 또 김대중 씨는 '한총련 사태'에 정부 대응이 미온적이라며 '전前 안기부원'의 울분을 그대로 소개해주는 배려도 아끼지 않는다.

　한총련에 대한 마녀사냥은 이듬해까지 계속되면서 결국 '프락치 치사 사건'이 불거졌고 그 결과 한총련은 대법원 판결로 '이적 단체'가 되었다. 해마다 300여 명의 대학생이 한총련에 소속된 총학생회의 간부라는 단 한 가지 이유로 수배자가 되어 1000여 명 이상의 구속자가 양산된 것은 적어도 민주주의를 표방하는 나라에선 있을 수 없는 인권유린이다. 그런 야만이 저질러진 배경에는 신문들의 마녀사냥과 여론몰이가 깔려 있었다.

　사설과 편집 방향의 유기적 관계는 2002년 12월 12일자 신문에서도 확인할 수 있다. 〈자료 63, 64, 65〉에서 볼 수 있듯이 우리 신문들은 미국이 예멘 인근 공해상에서 조선민주주의인민공화국의 배를 나포했을 때 이를 1면에 대대적으로 편집했다. 『조선일보』『중앙일보』『동아일보』 모두 같은 날 신문 사설에서 북쪽을 강도 높게 비난했음은 물론이다.

위에서부터 〈자료 63〉 동아일보, 2002년 12월 12일자 1면 · 〈자료 64〉 조선일보, 2002년 12월 12일자 1면 · 〈자료 65〉 중앙일보, 2002년 12월 12일자 1면

미사일 輸出하라고 '햇볕' 준 꼴

북한정권은 정말 신뢰할 수도 없고 이해하기도 힘든 집단이다. 미국의 이라크 공격 준비가 한창인 상황에서, 중동지역에 스커드 미사일을 수출하겠다고 나선 북한의 무모함에 그저 기가 막힐 따름이다.

결국 북한정권은 겉으로는 번지르르한 평화 공세와 선전·선동을 펼치지만, 뒤로는 핵을 개발하고 미사일을 수출하는 국제사회의 난폭자였다는 사실이 이제 예닐곱 달이 지난 해양에서 100기 이상의 미사일을 탑재한 북한 선박이 나포된 사건을 통해 재확인된 것이다. 그리고 더 이상 북한이 '악의 축(軸)'이고 '믿을 수 없는 존재'라는 주장을 반박하기도 힘들어졌다.

따라서 우리도 북한의 실체를 분명히 인식할 필요가 있다. 엄청난 군사력이 대치하고 있는 남북관계의 특성상, 남북대화와 일정정도의 포용은 불가피한 측면이 있다. 그러나 북한의 이중성을 전제로하지 않는 유화정책 일변도로는 평화를 달성하는 것이 아니라 거꾸로 북한에 역(逆)이용당할 뿐이다. 김대중

정부의 햇볕정책이 그 대표적 예다.

문제는 지난 5년에 걸친 현 정부 대북정책이 우리 내부에 북한의 실체에 대해 환상적 인식을 심어주었다는 사실이다. 남북관계에 상호주의를 적용하는 것은 북한을 자극하기 때문에 위험하고, 그렇게 되면 전쟁이 난다는 논리였던 것이다. 하지만 일방적 유화정책의 결과로 우리가 지금 보고 있는 것은 북한의 상응하는 변화가 아니라 '핵개발과 미사일 수출'이라는 것이다.

비밀 핵개발에 이어 북한의 미사일 수출까지 현장에서 적발된 이상, 우리는 북한의 대량살상무기(WMD) 문제의 근본적 해결을 위한 국제공조에 적극 동참해야 할 것이다. 한반도 전체를 재앙으로 몰아넣을 수 있는 북한의 핵·미사일 문제를 해결하려면 한·미동맹 및 국제공조체제를 강화하는 게 시급하다.

최근의 '반미(反美)문제' 해결 노력도 이 같은 큰 틀의 동맹관계 강화 차원에서 다뤄져야 할 것이다.

북한, 또 한번 국제사회 배신했다

북한의 미사일 수출선박이 나포됨으로써 북한 정권이 남한과 국제사회를 향해 입으로는 평화를 소리치면서 실제로는 끊임없이 대량살상무기를 확산하고 있다는 사실이 명백하게 드러났다. 우리에게는 충격 그 자체나. 한반도의 북한이 국제사회의 인도적 지원을 받아 굶주린 백성을 겨우겨우 연명시키면서 한편으로는 미사일 장사를 하는 시대착오적인 정권이 존재한다는 사실이 우리를 두렵게 한다. 김정일(金正日) 정권은 왜 이래야만 하는가.

현재의 국제정세를 돌이보자. 대량살상무기 확산에 대한 국제사회의 우려가 유례없이 모아져 이라크에 대한 무기사찰이 진행 중이다. 핵과 미사일 확산을 막기 위한 국제 경계망이 내려진 것이다. 이런 상황에서 북한이 무기수출을 감행한 '뻔뻔함'으로 적발됐다고 보통 심각한 사태가 아니다. 북한이 개발 중인 핵을 그 같은 용도로 사용하지 않을 것이라고 누가 보장할 것인가.

북한은 국제사회를 배신했다. 햇볕은 북한주민에게 식량과 의약품을 보낸 따뜻한 인류애를 파괴와 살상의 무

기 수출로 갚았다. 북한 정권이 세계평화에 얼마나 위협적인 존재인지도 다시 한번 분명하게 확인됐다. 미사일의 최종목적지가 밝혀지지는 않았으나 북한이 일촉즉발의 위기에 빠진 중동에 군비경쟁을 앞당하려 부추기고 있는 것만은 확실하다.

북한은 결국 딱지른 골목에서 미국과 마주쳤다. 미국은 99년 발표된 '아미티지 보고서'에서 드러난 대로 북한 선박의 나포 등 미사일 수출 저지방안을 다각적으로 마련해 왔고 오랜 추적 끝에 북한의 꼬리를 확실하게 잡았다. 때맞춰 백악관은 대량살상무기 공격에 대해 해무기를 포함해 '압도적 부력'을 동원하겠다는 전략을 공개했다. 미국의 결연한 태도로 미루어 북한 핵사일보다 더 심각한 파장이 예상된다.

우리도 제외가 아니다. 경우의 현명한 대응이 필요하다. 사태의 추이를 지켜봐야겠지만 분명한 복소리로 북한의 대량살상무기 확산을 비판하고 자세변화를 촉구하는 것을 잊지 말아야 한다.

북한, 미사일 수출할 땐가

수출 미사일 15기를 선적한 북한 화물선이 예멘 인근 공해상에서 스페인 함정에 의해 나포된 사태는 충격적이다. 북한이 핵 개발 시인에 이어 중동지역으로 추정되는 나라에 미사일을 수출하는 사실이 확인됨으로써 북·미간의 관계가 최악의 국면에 빠져들고 있다. 미국이 국제 테러의 차단과 대량살상무기(WMD) 확산의 저지를 위해 날을 세운 가운데 일어난 사태여서 한반도 정세가 여간 걱정스럽지 않다.

북한으로서 미국이 핵 문제를 기화로 중유 공급 중단을 선언하는 등 제재를 강화한 데 대한 자구책이자 자주권이라고 반박할지 모른다. 나포된 서산호가 지난 11월 중순 북한을 비납 때부터 추적해온 미국이 나포했다는 김접 경고했을 때 북한은 노동신문 논평에서 '공화국에 대한 공공연한 선전포고'이며 보복에는 보복으로 강력 대응할 것이라고 맞받아쓴 바 있다.

그러나 거의 모든 국가가 국제 테러를 근절하고 대량살

상무기 확산 저지에 전동하는 기운에 역행하는 북한의 미사일 수출은 국제사회의 지탄과 비난을 받을 수밖에 없다. 특히 북한이 미국으로부터 테러지원 혐의를 받는 '불량국가' 군에서 제외되기를 바라면서, 또 핵 개발의 해결책으로 미국과의 불가침 조약을 강력히 요구하는 시점에서 그것도 무국적선을 가장한 선박을 이용해 미사일을 수출함으로써 스스로 입지를 크게 좁혔다.

설령 북한의 의도가 큰 문제를 일으켜 협상의 몰꼬를 트려는 것이라고 가정하더라도 북한의 미사일 수출은 국제정세로는 무모한 도박행위다. 북의 무국적선으로 위장함으로써 공해상 임검권(臨檢權)의 대상을 자초한 것은 북한의 '위법성' 만 부각했을 뿐이다.

미국은 북핵 사태의 평화적 해결 방법을 이번 사태에도 계속 적용해 한반도 정세의 안정화를 우선 도모하기를 바란다. 정부도 북한에 대해 대량살상무기의 개발 및 수출을 포기하도록 촉구하는 북단의 노력을 해야 한다.

위에서부터 〈자료 66〉 동아일보, 2002년 12월 12일자 사설·〈자료 67〉 조선일보, 2002년 12월 12일자 사설·〈자료 68〉 중앙일보, 2002년 12월 12일자 사설

하지만 이 사건은 공해상에서 미국이 사실상 '해적 행위'를 한 것으로 명백하게 미국의 책임을 물어야 했다. 실제로 미국은 합법적으로 미사일을 수입한 예멘 정부의 항의를 받고 자신의 잘못을 인정하며 배를 돌려주었다. 우리 신문의 편집 방향과 그를 뒷받침하는 사설들이 얼마나 냉전적인 편견에 사로잡혀 반민족적인 편집과 논평을 서슴지 않는지 극명하게 드러난 지면들이다. 더구나 이때가 16대 대통령선거를 불과 일주일 앞둔 상황이었고, 이회창 후보와 노무현 후보가 남북화해 정책을 놓고 첨예한 대립을 보이고 있었던 사실에 주목한다면, '미사일 수출하라고 햇볕 준 꼴'식의 사설 제목과 대대적으로 안보 위기를 부추기는 편집이 무엇을 겨냥한 것인가를 어렵지 않게 짐작할 수 있다.

그렇다면 이렇듯 신문 편집의 방향을 제시하는 데 큰 구실을 하는 논설위원들은 도대체 어떤 사람들일까? 또 그들의 글이 사설 지면에 실리기까지 어떤 과정을 거치게 될까?

3. 사설
바로보기

논설위원들은 신문 편집국과는 별도 조직인 논설위원실 소속이다. 논설위원실은 보통 편집국에서 부장(데스크)이나 국장을 거친 기자들로 구성되며, 대체로 10명 안팎이다. 정치·경제·사회·국제·문화 등 분야별로 나뉘어 있으며, 각각 그 부문에서 오랜 취재와 데스크 일을 한 사람들로 구성된다. 어느 면에서는 그 사회의 지성을 대표하는 사람들이라 할 수 있다. 더구나 우리 사회가 은연중 기자에게서 '지사'의 모습을 기대하게 된 결정적 계기가 장지연이 쓴 「시일야방성대곡」이었던 점을 되새겨보면, 논설위원과 그들이 쓰는 사설에 대한 우리 사회의 시각이나 기대가 어떤 것인가를 짐작할 수 있다.

실제로 『조선일보』와 『동아일보』의 창간 초기에 사설의 위치가 언제나 1면이었음은 주목할 필요가 있다. 신문이 '주장'을 그만큼 강조했고 그것이 독자들에게 주는 메시지의 무게도 컸다. 1950년대까지도 우리 신문에서 사설은 1면에 자리했다. 그러나 사설이 한 신문사의 의견 그 이상도 이하도 아니라는 상식이 조금씩 확산되면서, 사설을 바라보는 시각이 상당히 객관화되어 가고 있다. 현재 대부분의 신문들에서 사설란이 안쪽으로 밀어넣어지거나 맨 뒷면으로 옮겨진 것도 이와 무관하지 않다. 지면 한 면을 '의견란'으로 만들어 그 안에 사설란을 편집하면서 신문사 외부의 필진들의 글을 '시론'이나 '발언대' 등의 형식 아래 함께 싣고 있는 것이다. 그러나 이처럼 외부 필진들과 함께 의견란에 실린다고 하더라도 사설이 다른 원고와는 달리 한층 돋보이게 편집되고 있는 것은 변함이 없다.

신문 지면이 대부분 회의를 통한 공동작업이듯이 신문 사설 역시 예외가 아니다. 사설의 주제나 방향 모두 논설위원들의 회의를 거쳐 결정된다. 대부분 조간신문사의 논설회의는 아침 10시 30분에 열린다. 회의를 주재하는 사람은 주필(일부 신문사는 주간)이나 논설위원실장이다. 주필主筆은 논설위원실장이나 편집국장을 거친 기자로서, 말 그대로 그 신문사 기자들을 상징할 만큼 대표적인 '필자'이다. 많은 신문사에서 주필이 편집인을 겸하는 까닭도 여기에 있다. 한 신문의 사설 방향을 결정함은 물론 더 나아가 편집의 방향에 결정적인 영향력을 행사하기 때문이다.

대체로 사설의 주제가 회의를 통해 결정되기는 하지만, 주필의 의사가 거의 그대로 관철된다고 보아도 무방하다. 주필이 제안한 집필 주제나 방향에 대해 논설위원들이 얼마든지 의견을 제시할 수 있다

하더라도, 주필의 견해를 정면으로 반박하기란 구조적으로 어려운 측면이 많다. 주필의 영향력이 사설의 주제 선정은 물론 구체적 내용까지 좌우하는 셈이다.

따라서 논설위원들 개개인의 소신이 그대로 사설로 나가는 것은 차라리 드물다고 보아야 한다. 논설주간이나 주필에 의해 얼마든지 첨삭이 이루어지고 주필이 요구하는 대로 사설을 쓰지 않았을 때 논조까지 재조정되는 예가 허다하다. 따라서 신문 사설에 독자들이 문제점을 발견하여 항의하고자 할 때, 논설위원실에 전화를 걸어 사설 쓴 논설위원을 바꿔달라고 요구하는 것은 크게 의미가 없다. 논조의 왜곡을 비판하고 싶으면 직접 주필이나 논설주간을 찾아야 한다.

독자들이 보기에는 수십 년 기자 경력이 있는 논설위원들의 글도 그렇게 뜯어고칠 수 있는가 의문이 들지도 모르겠다. 그러나 사설이 익명으로 처리된다는 사실에서도 볼 수 있듯이, 사설은 신문사의 의견이나 주장이므로 형식적으로도 개개인의 의사를 넘어서 있다.

실제로 사설의 집필자 선정이나 사설의 집필 방향까지 논설회의에서 모두 결정되므로 집필한 논설위원과 주필 사이의 갈등이 심각한 양상으로 나타나는 경우는 그리 많지 않다. 사설의 집필자는 사실상 논설위원실의 대표 집필자에 그칠 뿐이다.

논설위원들의 개인 의견을 털어놓는 지면은 칼럼이다. '신문사의 주장'을 써야 하는 사설과 달리 칼럼에서는 얼마든지 개인 주장을 담을 수 있다. 칼럼은 사설과 달리 필자의 이름을 밝힌다는 점에서 논설위원 개인의 시각과 개성적 문체가 드러나게 마련이다.

하지만 논설위원이 쓰는 칼럼의 경우도 주필이나 논설주간이 데스크를 보고 있다. 주필과 논설위원 사이에 종종 갈등이 일어나는 것도 이 때문이다. 과거 군사정권 시절, 언론인으로서 사명감이 투철한 한 논설위원이 주필과의 갈등 때문에 사표를 던지는 일이 벌어지기도 했다. 문제는 이것이 비단 과거의 사례만은 아니라는 점이다. 엄밀히 말하자면 신문사의 사설로 나가는 논설위원의 글은 주필이 수정할 수 있다 하더라도, 논설위원 개인 이름으로 나가는 칼럼까지 주필이 통제한다는 것은 논거가 빈약하다. 그러나 그런 일이 아직도 다반사로 일어나는 것이 우리 언론의 현주소다.

따라서 앞의 〈자료 61, 62〉에서 보았듯이 한 신문사의 주필이나 논설위원실장 칼럼은 그 신문의 편집 방향을 읽는 데 중요한 자료가 된다. 이들의 칼럼은 일반 논설위원들의 집필에도 영향을 끼칠 뿐 아니라 기자들은 물론 편집국장의 지면 구성에 큰 변수가 되기 때문이다.

주필과 논설위원 사이에 일어나는 갈등은 주필이 특정 논설위원에게 더 이상 집필을 허락하지 않는 식으로 극명하게 표출되기도 한다. 사설은 물론 개인 칼럼까지 철저히 통제하는 것이다. 밖에서 보면 화려한 측면만 보이는 논설위원실의 내부는 이처럼 상당히 어두운 그림자도 지니고 있다.

더구나 신문사의 기업적 이해관계가 걸려 있을 때 사설은 심각하게 왜곡된다. 이 점은 개인휴대용통신사업자PCS 선정을 둘러싼 우리 신문들의 편집 방향을 보면 분명하게 드러난다. 1996년 6월 10일 정보통신부는 개인휴대통신의 장비제조업체 사업자로 엘지텔레콤을 최종 결정하여 발표했다. 이에 대한 『조선일보』와 『중앙일보』의 사설을 비교해보자.

두 신문은 벌써 사설 표제부터가 다르다. 『중앙일보』는 「소문대로 된 통신사업자 선정」인 반면 『조선일보』는 「정보통신의 경쟁시대」이다. 먼저 『중앙일보』부터 보자. 『중앙일보』는 처음부터 "선정 방법, 기준 및 의미를 엄밀하게 재평가할 필요가 있다"고 주장한다.

무엇보다 문제가 되는 부분이 왜 정부가 사업자 선정에 직접 개입해야 하는가에 대한 의문이다. 이번 선정 방법은 정부가 아무리 그럴듯한 기준을 제시해도 당초부터 문제의 소지를 안고 있었다. 몇 가지 지표에 객관적인 점수를 매기는 것 자체가 한계가 있을 뿐만 아니라 주관성이 개입되는 기준은 모호할 수밖에 없다. 더구나 기준이 몇 차례 바뀌고 처음부터 특정업체로 내정해놓고 '짜고 치는 고스톱'이란 소문이 무성했다. 특히 장비제조업체 부문의 엘지텔레콤은 (주)데이콤에 대한 경영지배 구조의 의혹이 없어지지 않은 상태에서 선정됐다는 점에서 두고두고 말썽의 소지를 안고 있다. 이 부분은 정부가 주장하는 경제력 집중이나 기업의 도덕성 같은 기준이 얼마나 내용 없는 개념인가를 보여주는 대목이다.

소문대로 된 통신사업자 선정

올해 재계의 최대관심사로 여겨졌던 신규통신사업자 선정결과가 발표됐다. 과열기미까지 보였던 개인휴대통신(PCS)사업자중 장비제조업체는 소문대로 엘지(LG)텔레콤이 선정됐다. 선정과정은 일단락됐지만 선정방법·기준및 의미는 엄밀하게 재점검할 필요가 있다.

무엇보다 문제가 되는 부분이 왜 정부가 사업자선정에 직접 개입해야 하는가에 대한 의문이다. 이번 선정방법은 정부가 아무리 그럴 듯한 기준을 제시해도 당초부터 문제의 소지를 안고 있었다. 몇가지 지표에 객관적인 점수를 매기는 것 자체가 한계가 있을 뿐만 아니라 주관성이 개입되는 기준은 모호할 수밖에 없다. 더구나 기준이 몇차례 바뀌고, 처음부터 특정업체로 내정해놓고「찍고 치는 고스톱」이란 소문이 무성했다. 특히 장비제조업체 부문의 LG텔레콤은 ㈜데이콤에 대한 경영지배구조의 의혹이 없어지지 않은 상태에서 선정됐다는 점에서 두고두고 말썽의 소지를 안고 있다. 이 부분은 정부가 주장하는 경제력집중이나 기업의 도덕성같은 기준이 얼마나 내용없는 개념인가를 보여주는 대목이다.

이제라도 정부가 할 일은 정보통신산업을 개방및 자율경쟁체제로 가져가겠다는 정책의 기본방향을 정하는 것이다.

얼마전 정통부산하 연구기관인 통신개발연구원이 마련한 통신산업의 경쟁확대정책의 시행을 앞당기는 것이 바람직하다. 98년의 대외개방에 스케줄을 맞추면 너무 때가 늦는다. 국내개방은 이보다 앞서서 특정분야는 올해부터, 또 시간이 필요한 분야는 내년부터 시행에 옮겨져야 한다.

기본적으로 경쟁이 확대돼야 한다는 논리는 정부가 사업자를 인위적이고 자의적인 기준에 의해 정하는 것을 배격하는 것이다. 능력있는 기업이 시장에서 선정돼야 하는 것이다. 정부는 원칙적 틀만 만들면 된다. 기업끼리 주식을 시장에서 사고 팔든지 기업매수및 합병(M&A)에 의해 경영주체가 바뀌든 그것은 원칙적으로 정부가 개입할 일이 아니다. 어느 기업집단이 키가 좀 크니까 균형을 위해 다른 기업집단에 준다는 나눠먹기식 선정발상이 작용했다면 그것이야말로 부원칙의 극치가 아닐 수 없다.

〈자료 69〉 중앙일보, 1996년 6월 11일자 사설

정보통신의 경쟁시대

〈자료 70〉 조선일보, 1996년 6월 12일자 사설

한편 『조선일보』는 전혀 다른 시각에서 접근하고 있다.

새 통신사업자 확정은 국내 통신사상 중요한 획을 긋는 전기가 될 것

이다. 27개 신규사업자의 최종 선정은 그 과정의 공공성이나 결과의 합리성 여부와는 별개로 국내 통신산업의 발전 과정에서 중요한 이정표를 하나 더 세우는 것이었다. 국내 통신산업은 오랜 기간의 독점적 공영화에도 불구하고 쉴 새 없는 연구개발 투자를 포함한 대형설비 투자를 지속함으로써 비교적 짧은 시일 안에 통신 분야의 기반을 든든히 다져놓았었다. 그러나 오늘의 급전하는 정보혁명의 시대에는 이 같은 기간통신 중심만으로는 역부족일 뿐 아니라 오히려 정보통신산업으로의 개혁과 변신을 저해하는 장애가 되기도 한다. 다행히 정보통신시대의 새로운 전개를 너무 늦지 않게 간파한 정부와 통신업계가 이제 본격적인 정보화사회의 건설에 앞장서고 있어 이 분야의 새로운 지평을 열 것으로 기대되고 있다.

동일한 사안에 대한 『조선일보』와 『중앙일보』의 사설이 가히 극과 극이라 할 만큼 다르다. 안정지향적 중산층들의 시각을 대변하는 보수지로서, 기본적으로 두 신문이 이제껏 보여온 엇비슷한 논조들을 감안하면 꽤 이례적인 일이 아닐 수 없다. 더구나 정보통신부라는 정부 기관의 결정에 대해 정반대의 사설을 싣고 있는 것은 매우 흥미로운 대목이 아닐 수 없다. 사설 논조의 현저한 차이는 신문 지면에서도 명백하게 드러난다. 사설이 신문 편집 읽기의 열쇠임을 새삼 확인할 수 있게 된다.

『조선일보』 편집은 신규통신사업사 선정에 "통신업계 독점서 경쟁

〈자료 71〉 조선일보, 1996년 6월 11일자

시대로"라는 의미를 부여하고, 「사업 능력 평가서 우열 판가름」이라
는 표제를 돋보이게 처리했다. 반면 『중앙일보』는 3면 전면을 신규통
신사업 특집으로 편집한 뒤 「심사 기준 오락가락 신뢰성 흠집」이라

〈자료 72〉 중앙일보, 1996년 6월 11일자

든가 「내정설 안배설 꼬리 문 의혹」이라는 표제를 굵직굵직하게 달아놓았다. 더구나 두 신문은 사업자 선정뿐만 아니라 정부의 정책 방향에 대해서도 전혀 다른 평가를 하고 있다.

　만일 두 신문의 정반대 편집과 사설 방향이 진실을 밝히려는 경쟁에서 비롯된 것이라면 그 이상 바람직한 일은 없을 터이다. 그러나 현실은 전혀 달랐다. 시장에 토대를 둔 이른바 '경쟁 속에서 진실의 승리'라는 자유주의 언론관과 무관한 상황이었다. 그렇다면 두 신문이 전혀 다른 시각에서 편집을 하고 사설을 쓴 이유는 무엇일까.

개인 휴대통신사업자 가운데 두 경쟁사는 엘지텔레콤과 에버넷이었다. 그런데 엘지텔레콤에는 서울방송과 『서울신문』 및 『서울경제신문』 그리고 『조선일보』가 컨소시엄을 구성해 참여했다. 반면 에버넷은 삼성과 현대가 손을 잡고 구성한 컨소시엄이다. 현대는 『문화일보』를, 삼성은 『중앙일보』를 사실상 소유하고 있었다. 『중앙일보』가 에버넷이 탈락한 사실에 분통을 터뜨리고, 『조선일보』가 엘지텔레콤 선정을 환영한 이유를 이제 독자들은 충분히 짐작할 수 있지 않을까 싶다.

신문사의 이해관계가 다를 때 각 신문의 사설이 정반대인 것만은 아니다. 똑같은 사안을 한 신문사가 자신들의 이해에 따라 정반대로 해석하는 사례도 있다. 2001년 한해, 언론계 안팎을 뜨겁게 달궜던 언론사 세무조사에 대한 『조선일보』의 사설을 들여다보면 흥미로운 사실을 발견할 수 있다.

『조선일보』는 세무조사 결과 천문학적 탈세가 드러나 사주인 방상훈 사장이 구속되자 사설 「신문사 발행인 구속되다」(2001년 8월 18일자)에서 다음과 같이 격렬히 비판하고 나섰다.

김대중정권의 '언론 개혁' 미명 아래 취해진 언론사 세무조사는 마침내 조선일보와 동아일보 그리고 국민일보의 발행인 또는 대주주의 구속에 이르는 사태로 귀결했다. 이것은 우선 언론을 위해서도 그리고 궁극적으로는 권력을 위해서도 바람직하지 않은 일로 심히 유감이 아닐

신문사 발행인 구속되다

김대중 정권의 '언론개혁' 미명 아래 취해진 언론사 세무조사는 마침내 조선일보와 동아일보 그리고 국민일보의 발행인 또는 대주주의 구속에 이르는 사태로 귀결했다. 이것은 우선 언론을 위해서도 그리고 궁극적으로는 권력을 위해서도 바람직하지 않는 일로 심히 유감이 아닐 수 없다.

이제 미증유의 신문사 대주주 '탈세' 구속사건은 법에 따라 심판을 받게 됐으며 우리는 법정 공방의 과정에서 공정성이 유지되고 인권이 보장된 재판이 이뤄질 것을 바라며 그 결과 진실이 밝혀지고 그에 따른 책임이 규명되기를 기대할 수밖에 없다.

그러나 우리는 이 사건의 법적 성격과는 별도로 이 사태의 본질이 무엇인가를 밝히는 데 더 이상 주저할 수가 없다. 이 사건의 본질은 이 정권에 비판적인 논조를 유지해온 조선·동아 두 신문을 꺾어보려는 데서 비롯된 것이다. 이 정권은 출범 초기에서 중기에 이르기까지 두 신문의 협조를 요구하면서 비판 논조를 회유하려고 부단히 노력해왔음을 당사자인 우리는 잘 알고 있다. 이런 기도가 무위로 돌아가자 드디어 임기 후반인 금년 초 언론사에 세무조사의 카드를 꺼내들게 된 저간의 과정은 애당초 이 사건이 세무조사에 목적이 있었던 것이 아님을 방증하는 것이다.

다시 말해 이 사건의 본질은 세무조사나 '탈세'에 있는 것이 아니라 '언론사 논조'에 있었던 것이며, 세금의 문제는 신문사와 발행인·대주주를 여론적으로 흠집내기에 이용된 셈이다. 세금의 문제는 법의 판가름에 따라 집행될 것이지만 세무조사를 비판 언론의 논조를 꺾기 위한 정치적 목적에 이용하려 했던 권력측의 도덕적 윤리적 흠결은 결국 국민에 의해 심판될 수밖에 없을 것이다.

이 사태는 우리 신문 종사자들에게 두 가지를 가르치고 있다. 하나는 언론은 권력을 비판하는 것으로 국민의 알권리에 다가서는 것이 존재이유이며, 그러기 위해서는 어떤 정치적 탄압과 경제적 박해도 이겨내야겠다는 의식에 투철해야 한다는 것이다. 다른 하나는 이 모든 것이 언론사의 재정적 독립 없이는 어렵다는 점이다. 재정적 독립은 흑자 경영의 노력과 투명한 기업정신을 통해 가능하다는 것을 우리는 거듭 깨닫고 있다. 문제는 이 정권이다. 훗날 이 정권은 언론을 세금으로 바로잡은 정권으로 기억될 것인가, 아니면 세금문제로 언론자유를 억압하려 한 권력으로 기록될 것인가. 그것을 미리 깨닫는 것은 이 정권의 몫이다.

〈자료 73〉 조선일보, 2001년 8월 18일자 사설

수 없다.

이제 미증유의 신문사 대주주 '탈세' 구속 사건은 법에 따라 심판을 받게 됐으며 우리는 법정 공방의 과정에서 공정성이 유지되고 인권이 보장된 재판이 이뤄질 것을 바라며 그 결과 진실이 밝혀지고 그에 따른 책임이 규명되기를 기대할 수밖에 없게 됐다.

그러나 우리는 이 사건의 법적 성격과는 별도로 이 사태의 본질이 무엇인가를 밝히는 데 더 이상 주저할 수가 없다. 이 사건의 본질은 이 정권에 비판적인 논조를 유지해온 조선·동아 두 신문을 꺾어보려는 데서 비롯된 것이다.

이 정권은 출범 초기에서 중기에 이르기까지 두 신문의 협조를 요구하면서 비판 논조를 회유하려고 부단히 노력해왔음을 당사자인 우리는 잘 알고 있다.

이런 기도가 무위로 돌아가자 드디어 임기 후반인 금년 초 언론사에 세무조사의 카드를 꺼내들게 된 저간의 과정은 애당초 이 사건이 세무조사에 목적이 있었던 것이 아님을 방증하는 것이다. 다시 말해 이 사건의 **본질은 세무조사나 '탈세'에 있는 것이 아니라 '언론사 논조'에 있었던 것이며, 세금 문제는 신문사와 발행인·대주주를 여론적으로 흠집내는 데 이용된 셈이다.**

세금의 문제는 법의 판가름에 따라 집행될 것이지만 세무조사를 비판언론의 논조를 꺾기 위한 정치적 목적에 이용하려 했던 권력층의 도덕적 윤리적 흠결은 결국 국민에 의해 심판될 수밖에 없을 것이다. 이 사태는 우리 신문 종사자들에게 두 가지를 가르치고 있다.

하나는 언론은 권력을 비판하는 것으로 국민의 알권리에 다가서는 것이 존재 이유이며, 그러기 위해서는 어떤 정치적 탄압과 경제적 박해도 이겨내야겠다는 의식에 투철해야 한다는 것이다.

다른 하나는 이 모든 것이 언론사의 재정적 독립 없이는 어렵다는 점이다. 재정적 독립은 흑자경영의 노력과 투명한 기업정신을 통해 가능하다는 것을 우리는 거듭 깨닫고 있다.

문제는 이 정권이다. 훗날 이 정권은 언론을 세금으로 바로잡은 정권으로 기억될 것인가, 아니면 세금문제로 언론자유를 억압하려 한 권력

洪錫炫씨의 문제

조선일보는 그동안 보광그룹 대주주이자 중앙일보 사장인 홍석현(洪錫炫)씨의 탈세 문제에 관해 논평을 유보해 왔다. 그것은 이 문제를 보는 두가지 관점에 대해 명확한 선(線)을 긋기가 어려웠기 때문이다.

첫번째 관점은 언론사의 사주라고 해서 중죄(重罪)나 탈세로부터 자유로울 수 있는가 하는 것이다. 이 관점에 관한 우리의 견해는 분명하다. 그 누구도 법앞에 평등하며 그 어떤 권력도 탈세로부터 면책될 수 없으며 어떤 명분도 탈세를 정당화할 수 없다는 것이 우리의 신념이다. 이런 관점에서 보면 적어도 홍 사장이 당국에 의해 고발되고 검찰조사와 법원의 영장실질심사 과정에서 구속으로 결정난 이상, 그는 법의 절차에 따라 심판을 받을 수밖에 없다.

두번째 관점은 만약 홍씨가 언론사의 사주가 아니었고 단지 보광의 대주주이기만 했다면 구속에까지 이르게 됐을까 하는 것이다. 과거 전례를 보면 재벌이라도 탈루에 대한 추정으로 끝난 경우도 있고 사설학원장이라도 구속된 경우가 있어 그것은 어디까지나 담당이나 권력의 자의적 판단에 속하는 것으로 보인다. 그렇다면 홍씨의 경우는 어디에 해당되는 것일까. 우리는 정권이 호의적으로만은 보지 않는 언론사의 사주이기 때문에 그가 받는 불이익에 α가 있을 것으로 생각한다. 또 전체 언론에 대한 '길들이기'의 효과가 있을 수 있다는 점도 부인할 수 없다.

결론적으로 홍 사장의 구속은 두가지 요소를 모두 함축한 것으로 본다. 여기서 우리는 몇가지 고언(苦言)을 하지 않을 수 없다. 언론사가 올바른 언론자유를 행사하기 위해서는 결코 다른 기업에 얽매여서는 안되며 같은 논리로 대기업이 언론을 부수적으로 운영해서도 안된다는 점이다. 또 언론사는 모든 재산처리와 세무관계를 투명하게 헤나가야 한다. 신문사가 어떤 공직을 위한 '디딤돌'이 되어서도 안되며 다른 기업을 위한 방패막이가 되어서도 안된다는 것이다.

이와 함께 우리는 홍씨 탈세사건에서 이 사건과는 별개로 또하나의 중대한 사회적 쟁점이 불거져 나와있음을 본다. 그것은 지난 10월 3일자 중앙일보가 시작한 "'국민의 정부' 언론탄압 실상을 밝힌다"라는 연재물이 제기한 문제성이다. 이 문제는 보광사건 또는 홍씨 사건의 연장선상에서 파생된 '같은 뿌리'의 사안임에는 틀림없으나, 사안의 내용 자체만은 그와는 다른 또 하나의 새로운 쟁점으로서 취급할 만한 정치적, 사회적 이슈라고 우리는 생각한다. 보광그룹과 홍씨가 설령 어떤 위법을 한 것이 최종적으로 확인되는 경우라 할지라도, 현정부 당국자들이 중앙일보라는 신문사에 대해 정말로 일상적인 '압력'을 행사했느냐 안했느냐 하는 쟁점은 그것대로 하나의 독립된 의제(議題)로서 설정될 만하다고 보기 때문이다.

〈자료 74〉 조선일보, 1999년 10월 4일자 사설

으로 기록될 것인가. 그것을 미리 깨닫는 것은 이 정권의 몫이다.(강조는 인용자.)

사뭇 준엄하다. 하지만 언론사 세무조사라도 그 대상이 『조선일보』가 아닌 『중앙일보』일 때 사설은 정반대의 논리를 펼친다.

1999년 10월 4일자 사설 「홍석현 씨의 문제」가 그렇다. 사설 표제로 '홍석현 씨'라고 못박은 데에서도 드러나듯이 탈세 혐의에 사뭇 비판적이다. 당시 『중앙일보』가 지면과 사설을 통해 연일 홍 사장의 탈세 혐의와 구속을 '비판언론 죽이기'라고 비난하고 나선 상황이었다.

『중앙일보』가 보기에 다음의 『조선일보』 사설은 차분하다 못해 얄미울 만큼 차갑다.

조선일보는 그동안 보광그룹 대주주이자 중앙일보 사장인 홍석현 씨의 탈세 문제에 관해 논평을 유보해왔다. 그것은 이 문제를 보는 두 가지 관점에 대해 명확한 선을 긋기가 어려웠기 때문이다.

첫번째 관점은 **언론사의 사주라고 해서 중죄인 탈세로부터 자유로울 수 있는가 하는 것이다. 이 관점에 관한 우리의 견해는 분명하다. 그 누구도 법 앞에 평등하며 그 어떤 권력도 탈세로부터 면책될 수 없으며 어떤 명분도 탈세를 정당화할 수 없다는 것이 우리의 신념이다. 이런 관점에서 보면 적어도 홍 사장이 당국에 의해 고발되고 검찰 조사와 법원의 영장실질심사 과정에서 구속으로 결정난 이상, 그는 법의 절차에 따라 심판을 받을 수밖에 없다.**

두번째 관점은 만약 홍씨가 언론사의 사주가 아니었고 단지 보광의 대주주이기만 했다면 구속에까지 이르게 됐을까 하는 것이다. 과거 전례를 보면 재벌이라도 탈루에 대한 추징으로 끝난 경우도 있고 사설학원장이라도 구속된 경우가 있어 그것은 어디까지나 당국이나 권력의 자의적 판단에 속하는 것으로 보인다.

그렇다면 홍씨의 경우는 어디에 해당되는 것일까.

우리는 정권이 호의적으로만은 보지 않은 언론사의 사주이기 때문에 그가 받는 불이익에 α 가 있을 것으로 생각한다. 또 전체 언론에 대한

'길들이기'의 효과가 있을 수 있다는 점도 부인할 수 없다. 결론적으로 홍 사장의 구속은 두 가지 요소를 모두 함축한 것으로 본다.

여기서 우리는 몇 가지 고언을 하지 않을 수 없다. **언론사가 올바른 언론자유를 행사하기 위해서는 결코 다른 기업에 얽매여서는 안 되며 같은 논리로 대기업이 언론을 부수적으로 운영해서도 안 된다는 점이다. 또 언론사는 모든 재산 처리와 세무 관계를 투명하게 해나가야 한다. 신문사가 어떤 공직을 위한 디딤돌이 되어서도 안 되며 다른 기업을 위한 방패막이가 되어서도 안 된다는 것이다.**

이와 함께 우리는 홍씨 탈세사건에서 이 사건과는 별개로 또 하나의 중대한 사회적 쟁점이 불거져나와 있음을 본다. 그것은 지난 10월 3일 자 중앙일보가 시작한 "'국민의 정부' 언론 탄압 실상을 밝힌다"라는 연재물이 제기한 문제성이다. 이 문제는 보광사건 또는 홍씨 사건의 연장선상에서 파생된 '같은 뿌리'의 사안임에는 틀림없으나, 사안의 내용 자체만은 그와는 다른 또 하나의 새로운 쟁점으로서 취급할 만한 정치적, 사회적 이슈라고 우리는 생각한다.

보광그룹과 홍씨가 설령 어떤 위법을 한 것이 최종적으로 확인되는 경우라 할지라도, 현 정부 당국자들이 중앙일보라는 신문사에 대해 정말로 일상적인 '압력'을 행사했느냐 안 했느냐 하는 쟁점은 그것대로 하나의 독립된 의제로서 설정될 만하다고 보기 때문이다.(강조는 인용자.)

문제는 『조선일보』가 "언론사는 모든 재산 처리와 세무 관계를 투명하게 해나가야 한다"며 『중앙일보』를 '훈계'하고 나설 때 이미 자신도 김영삼정권이 단행한 세무조사에서 엄청난 탈세가 드러난 상황이었다는 데 있다. 하지만 김영삼정권이 공개하지 않고 은폐했기에 일반 독자들만 모르고 있었다. 그 '공공연한 비밀'은 김대중정권이 세무조사에 들어간 직후인 2001년 2월 일본 도쿄에서 김영삼 씨의 기자회견으로 확인됐다. 『한겨레』 2001년 2월 10일자 1면을 보자.

김영삼 전 대통령은 9일 자신의 대통령 재임 시절이던 1994년에 실시한 언론사 세무조사 결과 심각한 비리사실들이 드러났으나 공개할 경우 언론의 존립이 위태로워질 것으로 판단해 공개하지 않았다고 밝혔다. 일본을 방문중인 김 전대통령은 이날 도쿄 시내에서 열린 주일특파원들과의 조찬간담회에서 "조사 결과 보고를 받고 보니 내가 몰랐던 게 너무 많았다"며 특히 언론사 사주 쪽의 재산, 가족, 사생활 비리 등 도덕적 문제를 포함한 많은 문제들이 포착됐다고 말했다.

그는 언론사주들의 가족관계까지 모두 조사해본 결과 "가져서는 안될 (재산을 가진) 사람도 있었다"고 말해 재산 은닉 등 언론사주들의 불법행위가 있었음을 강력히 내비쳤다.

그는 "언론들에 대한 존경심이 무너지고 국민들이 허탈해할 상황"이었다고 말하고 "당시 국세청이 원칙대로 했다면 상당한 세금을 징수했어야 했다"며 "조사 결과 아무것도 없었다고 할 수는 없어서 적당한 수준에서 얼마만 받고 끝내라고 딱 잘라 지시했다"고 밝혔다. 그는 "언론사의 장래를 위해 공개를 안 하는 것이 좋다고 판단했다"며 "만약 그때 세무조사 결과를 공개했다면 (언론사들) 존립에 대단히 큰 문제가 생겼을 것"이라고 말했다. 그는 "언론사도 영리단체인데 10년, 20년 세무조사를 안 받는 것도 문제"라며 "영리를 목적으로 하는 곳에 세무조사는 필요하다"고 지적했다.

그러나 지금 진행되고 있는 세무조사에 대해 그는 "이 시기에 김대중 정권이 한꺼번에 조사를 단행하는 것은 언론 탄압, 정치 보복"이라고 비난하고 이번 조사가 협박용이기 때문에 결과를 공개하지도, 법적 처리를 하지도 않을 것이라는 생각을 나타냈다.

결국 『조선일보』 사설은 스스로 정직하지도 못할뿐더러 자사의 이해관계에 따라 동일 사안도 얼마든지 다른 주장이 가능하다는 것을 보여주고 있다. 더구나 밤사이에 사설이 바뀌는 경우도 있다.

사설은 속보성을 다투지 않기에 거의 바꾸지 않는 게 일반적이지만 2002년 12월 19일 16대 대통령선거가 있던 날 아침 『조선일보』는 밤사이에 사설을 전격 교체했다. 〈자료 75, 76〉에서 보듯이 12월 19일치 사설이 완연히 다르다.

2002년 12월 18일 밤 10시 20분에 정몽준 씨가 노무현 후보 지지를 철회하는 성명을 발표하자 이를 긴급히 사설에 반영한 것이다. 왜 『조선일보』가 밤사이에 「나라의 명운 결정짓는 날」 사설을 「정몽준, 노무현 버렸다」 사설로 바꿨는지는 급히 새로 쓴 사설 전문을 읽어보면 어렵지 않게 짐작할 수 있다. 독자들로부터 '이회창 후보를 위해 편파보도를 하고 있다'는 비판이 나올 때마다 언제나 '불편부당'을 내세웠던 신문이 선거날 아침에 아예 내놓고 이 후보에 투표하라며 유권자들을 '선동'하고 있다.

16대 대통령 선거의 코미디 대상大賞은 단연 '노무현·정몽준 후보 단일화'다. 선거운동 시작 직전, 동서고금을 통해 유례가 없는 여론조사로 후보 단일화에 합의하고, 선거운동 마감 하루 전까지 공동 유세를 펼치다가, 투표를 7시간 앞둔 상황에서 정씨가 후보 단일화를 철회했다.

이로써 대선 정국은 180도 뒤집어졌다. 이런 느닷없는 상황 변화 앞에 유권자들은 의아한 심정이지만, 따지고 보면 '노·정 후보 단일화'는 처음부터 성립되기 어려운 일이었다.

북한 문제와 한·미관계를 보는 시각부터, 지금의 경제상황과 사회적 문제를 보는 눈이 기본적으로 다른 두 후보가 단지 여론조사에서 우세한 사람을 단일후보로 뽑는다는 것 자체가 어불성설이었기 때문이다. 비록 투표 직전이긴 하지만, 정씨가 노 후보에 대한 지지를 철회한 것은 결국 이런 근본적 차이를 인식했기 때문이라고 해석할 수 있다.

한편으로는 희극적이긴 하지만, 어쩔 수 없이 벌어진 급격한 상황 변화 앞에서 우리 유권자들의 선택은 자명하다. 지금까지의 판단 기준 전체를 처음부터 다시 뒤집는 것이다. 선거운동이 시작된 지난 20일 동안 모든 유세와 TV토론, 숱한 유권자들의 마음을 졸인 판세 및 지지도 변

나라의 命運 결정짓는 날

제16대 대통령 선거일이 밝았다. 오늘 밤, 늦어도 자정이 되기 전에 우리는 앞으로 5년 동안 이 나라를 이끌어갈 새 지도자의 탄생을 보게 된다. 투표장으로 향하기 전에 잠시나마 마음을 가다듬고 조용히 생각하는 시간을 갖기를 권한다. 내가 찍으려고 하는 후보가 과연 진지한 숙고 끝에 나온 후회 없는 선택인지를 다시 한 번 냉철하게 돌아보기를 바란다.

대통령 선거는 동호회 회장을 뽑는 것도 아니고, 대중 연예스타의 순위를 매기는 인기투표는 더더욱 아니다. 이번에 선출될 대통령과 함께 좋든 싫든 5년이라는 긴 세월을 살아가야 한다. 국가, 사회, 직장, 가정, 그리고 개개인의 모든 삶이 피할 수 없이 새 대통령의 국정운영 철학과 방식의 영향권에 들어가게 되는 것이다.

이번 대선은 과거에 비해 지역대결 구도가 다소 퇴조하고 그 대신 세대대결 양상이 강하게 나타나고 있다는 분석이 많다. 그러나 우리가 한 표의 향방을 결정하면서 정작 유념해야 할 것은 이런 피상적인 판세분석이 아니라 우리 대선이 내포하고 있는 역사적 의미다. 이번 대선은 지역대표성 외에 뚜렷한 차별성이 없었던 3김 때와 달리, 추구하는 이념과 성향이 확연히 구별되는 인물들이 대통령 경쟁을 벌인다는 근본적인 차이점을 갖고 있다.

이는 다시 말해 누구를 대통령으로 선택하느냐에 따라 우리의 삶 전체가 완전히 달라질 수 있음을 뜻한다. 그동안의 후보 토론과 유세, 언론보도 내용들을 차분히 되새겨보면 내가 표를 찍으려고 하는 후보가 당선될 경우 어떤 세상이 열리게 될지를 짐작하기란 그리 어려운 일이 아니다.

내가 바라고 있는 것이 과연 그런 세상인가를 한 번만이라도 상상해 보고 투표장에 가자. 그것만이 나중에 가서 자신의 선택을 후회할 위험성을 그나마 최소화할 수 있는 길이다.

〈자료 75〉 조선일보, 2002년 12월 19일자 1판 사설

鄭夢準, 노무현 버렸다

16대 대통령 선거의 코미디 대상(大賞)은 단연 '노무현·정몽준 후보 단일화'다. 선거 운동 시작 직전, 동서고금을 통해 유례가 없는 여론조사로 후보 단일화에 합의하고, 선거운동 마감 하루 전까지 공동 유세를 펼치다가, 투표를 7시간 앞둔 상황에서 정씨가 후보 단일화를 철회했다. 이로써 대선 정국은 180도 뒤집어졌다.

이런 느닷없는 상황 변화 앞에 유권자들은 의아한 심정이지만, 따지고 보면 '노·정 후보 단일화'는 처음부터 성립되기 어려운 일이었다. 북한 문제와 한·미관계를 보는 시각부터, 지금의 경제상황과 사회적 문제를 보는 눈이 기본적으로 다른 두 후보가 단지 여론조사에서 우세한 사람을 단일후보로 뽑는다는 것 자체가 어불성설(語不成說)이었기 때문이다.

비록 투표 직전이긴 하지만, 정씨가 노 후보에 대한 지지를 철회한 것은 결국 이런 근본적 차이를 인식했기 때문이라고 해석할 수 있다.

한편으로는 희극적이긴 하지만, 어쩔 수 없이 벌어진 급격한 상황 변화 앞에서 우리 유권자들의 선택은 자명하다. 지금까지의 판단 기준 전체를 처음부터 다시 뒤집는 것이다. 선거운동이 시작된 지난 20일 동안 모든 유세와 TV토론, 숱한 유권자들의 마음을 졸인 판세 및 지도 변화 등 모든 상황은 노·정 후보 단일화를 전제로 한 것이었는데, 이 같은 기본 구도가 변했기 때문이다.

오늘 하루 전국의 유권자들은 새로운 출발을 기약하며 투표소로 향할 것이다. 지금 시점에서 분명한 것은 후보 단일화에 합의했던 유세를 물게 다니면서 노무현 후보의 손을 들어줬던 정몽준씨마저 '노 후보는 곤란하다'고 판단한 상황이다. 이제 최종 선택은 유권자들의 몫이다.

〈자료 76〉 조선일보, 2002년 12월 19일자 시내판 사설

화 등 모든 상황은 노·정 후보 단일화를 전제로 한 것이었는데, 이 같은 기본 구도가 변했기 때문이다.

오늘 하루 전국의 유권자들은 새로운 출발을 기약하며 투표소로 향할 것이다.

지금 시점에서 분명한 것은 후보 단일화에 합의했고 유세를 함께 다니면서 노무현 후보의 손을 들어줬던 정몽준 씨마저 '노 후보는 곤란하다'고 판단한 상황이다. 이제 최종 선택은 유권자들의 몫이다.

지금까지 살펴보았듯이 사설의 배경에는 신문사의 사익私益이 원천적으로 가로놓여 있다. 이쯤이면 사설社說은 이미 사설이 아니다. 신문을 사적으로 소유하고 있는 특정 사기업, 그것도 그 기업을 족벌적으로 소유하고 있는 특정 개인의 사설私說로 전락한 것과 다를 바 없다.

신문사의 사적 이윤 추구는 공적 지면을 희생하는 정도에 그치지 않는다. 때론 엄연한 역사 왜곡까지도 서슴지 않고 있다. 따라서 사설을 읽을 때는 사설이 얼마나 사실事實에 근거한 것인가 못지않게 어디까지가 사실史實과 일치하는지를 비판적으로 읽을 필요가 있다.

예컨대, 『독립신문』이 창간된 4월 7일을 '신문의 날'로 기념해오면서 그 100주년을 맞아 각 신문마다 요란했던 특집기사들을 들여다보자.

대부분 『독립신문』과 서재필 "만세"를 외치며, 『독립신문』의 정신을 이어받아야 한다고 아우성이었다. 언론학자들은 말할 것도 없고 역사학자들까지 가세하여, 『독립신문』의 정신이야말로 오늘의 한국 언론이 지향해야 할 이념이라며 앞다퉈 찬양했다.

물론 서재필의 독립협회 활동이나 『독립신문』의 역사적 의미를 평가하는 데 인색할 필요는 없다. 『독립신문』 창간 100주년을 맞아 언론인들과 언론학자들이 언론사적 의미를 되새겨보는 것도 유익한 일이다. 그러나 『독립신문』이 창간 100주년을 맞았다는 것과 『독립신문』의 정신이 본받아야 할 한국 신문의 이상이라는 주장은 차원이 다른 별개의 문제이다.

여기서 과연 서재필과 『독립신문』이 오늘을 살아가는 한국의 언론인들이 본받아야 할 '귀감'이어도 괜찮은 것인지 독자들도 분명히 따져볼 필요가 있다. 결론부터 말해서 전혀 그렇지 않다. 아니 더 나아가 그것은 한국 언론의 '감추어진 비밀'을 독자들이 엿볼 수 있는 좋은 기회이기도 하다.

두루 알다시피 『독립신문』이 내세운 '독립'은 온전한 의미에서 민족 자주적인 독립정신에는 미치지 못하는 것이었다. 당시 이른바 '개화파'라고 불렸던 사람들이 지니고 있던 근본적인 한계이기도 했거니와, 서재필 또한 예외가 아니었다. 중국의 영향력으로부터 벗어나 근대화를 지향한 점은 높이 평가할 수 있다. 다만 일본이나 미국의 힘을 빌려 그것을 이루려 했다는 점에서 그들의 한계는 뚜렷했다.

가령 『독립신문』이 일본의 침탈에 항거하여 분연히 일어난 의병들을 비도匪徒로 규정하거나 이를테면 "충주 월악산에서 죽은 놈이 몇 명"이라는 식으로 기사를 쓰고 있는 것은 개화파들의 시각이 지니고 있는 한계를 여실히 보여주는 사례이다. 『독립신문』 곳곳에서 드러나는 일본과 미국에 대한 환상적인 '기대'라든지 우리 민족에 대한 터

〈자료 77〉 조선일보, 1996년 4월 5일자

무늬없는 비하도 같은 맥락이다.

과연 우리 신문들은 신문의 날 100주년을 기념하면서 서재필과

『독립신문』의 역사적 의미를 평가하는 동시에, 『독립신문』이 지녔던 본질적인 문제점을 직시하는 균형된 시각을 갖추는 게 불가능한 일인가? "최근 일각에서 운위되는 '서재필 신화 무너뜨리기'는 헛된 일일 수밖에 없다"(『동아일보』 1996년 4월 5일자)거나, 서재필을 대형 연재기사로 편집하여 '선각자'이자 '한국 신문의 아버지'로 치켜세우는 것밖에 할 일이 없는 걸까?

그뿐인가. 일부 언론학자들과 역사학자들까지 서재필의 부정적 면을 들춰내는 것은 역사적 인물에 대한 '흠집내기'라며 강변하고 나섰다. 참으로 딱한 일이지만, 여기에는 결코 간단치 않은 문제가 또아리 틀고 있다. 모든 역사적 평가가 그러하듯 바로 오늘의 현실과 밀접한 관련이 있기 때문이다. 예컨대 지금은 관변학자들까지 의병이라 높이 평가하는 당시의 민중들을 '비도'라 한 『독립신문』 보도에 대해 시대적 상황을 들어 옹호한다면, 1980년 5월 광주항쟁의 민주시민들을 '폭도'로 몰아세운 것도 충분히 변호될 수 있다. 바로 여기에 『독립신문』 강조의 '비밀'이 숨어 있는 것이다.

서재필이 미국인 필립 제이슨으로 행세하면서 우리나라를 떠날 때 당시 궁핍할 대로 궁핍한 정부에 거액의 '보상금'을 강요하여 타간 것이라든가, 그가 미국에서 외국인과 재혼하여 아이들 이름도 모두 미국식으로 지은 사실은 접어둔다고 하자. 그러나 국내에서 불굴의 항일투쟁으로 삶을 마감한 사람들이 엄연히 숱하게 존재하고 있거늘 어떻게 해방이 될 때까지 미국에서 큰 핍박 없이 살아간 서재필이 마치 우리 민족의 '영웅'인 양 칭송받아야 하는가.

독자들은 이처럼 언론에 의한 우리 현대사의 왜곡에 대해 감시의 눈을 게을리해서는 안 된다. '왜 느닷없이 서재필인가?'하고 의아했던 독자 가운데는, 『조선일보』와 『동아일보』가 신문의 날을 전후한 사설에서 『독립신문』의 정신을 이어받아 자신들이 일제 아래서 '민족지'였음을 강조한 기사들을 읽으면서 쓴웃음을 지은 분들이 있을 성싶다.

두 신문이 기회가 있을 때마다 반복하여 선전하는 '민족지 신화'는 명백한 역사 왜곡이다.(친일 언론의 구체적 모습에 대해서는 저자의 책 『부자신문 가난한 독자』 1부를 참고.) 『조선일보』와 『동아일보』가 일제 말기 저지른 '친일 편집'의 죄악상은 인쇄된 신문 지면으로 고스란히 남아 있다.

"그나마 있는 역사적 인물을 아낄 줄도 알아야 한다"는 식으로 이승만이나 서재필 미화 작업에 대한 비판에 대응한다면, 그 논법은 그대로 자신들의 과거에 대한 합리화로 이어질 수 있다. 비록 친일적 편집을 했다 하더라도, 『조선일보』와 『동아일보』나마 민족지로서 자리매김해야 되지 않겠느냐는 주장이 그것이다. 그러나 '일본 제국주의'와 '천황 폐하'를 칭송한 신문이 결코 우리 겨레의 '민족지'일 수는 없다. 마찬가지로 우리 언론사에는 젊은 언론인들이 본받아야 할 인물로 서재필과 동시대를 산 신채호가 있고 박은식이 있다. 구태여 서재필을 우리 언론인들이 따라야 할 선각자로 평가할 이유가 전혀 없는 것이다.

　독자들은 이제 왜 우리 신문들이 서재필을 찬양하는 편집을 했는지 이해했을 터이다. 『독립신문』을 본받아야 한다고 강조하면서 실제로는 사설을 통해 친일과 독재야합으로 얼룩진 자신들의 신문 편집을 교묘하게 정당화하려는 속셈이 깔려 있다. 『독립신문』을 이용하여 자신들의 사적 이윤 추구를 가려줄 수 있는 훌륭한 '상표'가 되는 '민족지'를 다시 한번 독자들에게 '세뇌'시키고 있는 셈이다.

4. 신문사주와 편집 주체

많은 독자들이 신문사는 일반 회사와는 달리 기업으로서의 이윤 추구보다는 전체 국민의 이익을 우선시하는 공공기관이라고 믿고 있다. 신문사의 주인이 누구냐고 물을 때 신문기자들을 쉽게 떠올리는 것도 그래서일 것이다. 그러나 과연 그럴까.

주식회사 형태로 되어 있음에도 우리 신문들의 소유 구조는 상당히 독특하다. '사주社主'에 의해 철저히 전제적인 경영이 이루어지고 있다. 가령 '민족지'를 자처하는 두 신문의 경우, 『조선일보』는 친일 금광재벌 방응모 이래 4대가 세습하고 있으며, 『동아일보』도 친일 지주 김성수 이래 4대로 대물림해가고 있다. 상업지를 표방한 다른 신문들은 두말할 나위도 없다. 『중앙일보』의 사주는 삼성그룹과 친인척 관계에 있는 보광그룹 회장 홍석현 씨다. 『국민일보』와 『세계일보』의 사주는 다 알다시피 순복음교회와 통일교다.

이들 사주들이 순수한 언론인 출신들이 아님은 물론이다. 설령 기자 경험이 있다 하더라도 단지 '경력용'으로 잠시 편집국에 적을 두었을 따름이다. 그런 이들이 자자손손 대를 이어 신문사 사주로서 그 자리를 세습해올 수 있는 이유는 두말할 필요 없이 신문사 대부분의 주식을 특정 가문과 특정 재벌이 집중하여 소유하고 있어서다. 『조선일보』는 방씨 일가가 90%대의 주식을 독점적으로 소유하고 있으며, 『동아일보』 또한 인촌기념회와 김씨 일가가 75% 이상의 주식을 소유하고 있다.

비정상적인 소유 구조는 자연스럽게 각 신문사 내부에서 이들의 권력을 '무소불위'로 만들어준다. 더구나 우리 언론계에서 특히 문제가 되는 것은 이들의 권력이 단순히 신문 경영의 차원에 머물지 않고 있다는 점이다. 전혀 신문기자의 경험이 없거나 있더라도 잠시 거쳐가는 형식의 지극히 짧은 경험밖에 없는 이들이 신문의 편집과 사설의 방향이나 성격을 실질적으로 규정하고 있다.

신문의 제호 밑에 발행인과 편집인 그리고 편집국장의 이름을 명기해두는 뜻은, 신문은 사주가 발행하는 것이되 신문 편집은 편집인과 편집국장이 한다는 것을 독자에게 천명하는 것이다. 그러나 실제로 독자에 대한 이 약속은 철저히 파기되어 왔다. 신문사 사주의 의견을 무비판적으로 추종하는 특정 편집인이나 특정 편집국장 따위의 개인적 요인 때문이 아니다. 문제의 핵심은 편집인과 편집국장이 기자로서 아무런 경험도 없는 언론사주의 입김에 좌우될 수밖에 없는 구조적 요인에 있다.

편집인과 편집국장 자리가 신문사 사주의 임의적인 인사권에 의해 뒷받침되는 전제적인 피라미드 구조가 엄존하는 한, 신문 편집에서 편집인과 편집국장의 자율성이 보장될 수 없다. 더구나 사주에 의한 편집 개입은 점점 노골적으로 잦아지고 있다. 1990년대 이후 편집국장이 신문사 사주와의 갈등으로 경질되는 사례가 늘어나는 것도 이를 방증한다. 첫 상징적 사건이 '1991년 동아사태'였다.

1991년 동아사태는 당시 『동아일보』 김중배 편집국장이 신문사 사주의 부당한 편집 간섭을 배제하면서 신문을 편집해나가던 중에 사주에 의해 전격적으로 경질되면서 발생한 사건이다. 김중배 국장은 이에 맞서 편집국장 이취임식 자리에 나와 "과거에 언론자유를 위협하는 세력은 정치권력이었지만 90년대 들어 언론자유를 위협하는 세력은 언론자본임이 분명해지고 있다"고 지적하면서 『동아일보』 사주의 편집 간섭을 단호히 비판했다. 이에 앞서 『동아일보』 사주가 편집국 기자들에게 회람시킨 내용을 보면 사태의 핵심이 편집 방향의 충돌에 있다는 것을 쉽게 알 수 있다. "체제 부정이나 국민의 위화감 조성에 지면을 할애함은 용납할 수가 없어 편집진의 변화를 통해 동아 편집 방향의 재정비를 나의 제2창간 실현의 시작으로 삼으려고 한다"고 분명히 밝히고 있기 때문이다. 편집국장을 경질하면서 전혀 사실과 다르게 '체제 부정'이니 '국민의 위화감 조성'이니 하는 따위의 '유신시대 관변 용어'를 사용하고 있는 대목은 사주의 의식 수준이 어디쯤인가를 엿볼 수 있게 해준다.

더욱이『동아일보』사주가 근거로 든 사례가, 소설가 윤정모 씨나 국사학자 안병욱 교수 그리고 빈민운동가이자 당시 국회의원인 제정구 씨를『동아일보』지면에 소개한 점이라는 사실에 이르면 참으로 아연실색하지 않을 수 없을 것이다. 그러나『동아일보』편집국장이 정면으로 언론자본에 문제를 제기하고 물러난 뒤에도 신문사 사주들의 '신문은 사유물'이란 인식은 전혀 바뀌지 않았다. 오히려 더 극성을 떨기 시작했다 해도 과언이 아니다.

가령 '동아사태'가 있었던 바로 두 달 뒤, 11월『세계일보』에서 비슷한 사건이 일어났다. 재단인 통일교 쪽이 신문을 통일교의 '선교지'로 만들어나갈 조짐을 보이자 편집국장 이하 전 기자들이 반발하여 집단사표를 냈다. 재단 쪽은 반발하는 기자들에게 모두 해고 방침을 밝히고 실제로 복귀하지 않은 기자들을 해고함으로써 재단의 힘을 대내외에 과시했다.『세계일보』사태 역시 재단 쪽에서 "『세계일보』의 편집 방향이 바뀌어야 한다"는 것을 강조하면서 불거졌다는 사실에 주목할 필요가 있다.

또 다른 종교재단이 사주인『국민일보』에서도 유사한 사태가 일어났다. 1994년 10월 순복음재단 주최로 여의도에서 열린 '세계기도대회' 참석자 수를『국민일보』가 재단 추산보다 적게 보도했다는 이유로 편집국장이 전격 경질됐다. 문제는『국민일보』가 종교지가 아니라 종합일간지임을 대외적으로 표방하고 있는 점이다. 기도대회와 관련해 『국민일보』 편집국장은 기사를 3면에 할애하는 '파격 편집'을 하며 나름대로 '성의'를 보였음에도 결국 참석자 수를 적게 보도했다는 재단의 질타 앞에서 무력하게 편집국장 자리를 내놓아야 했다.

『문화일보』에서도 1994년 9월 편집국장이 전격 해임됐다. 편집국장이 기사 처리 문제로 사장과 언쟁을 벌인 지 불과 2시간 만에 전격 인사 발령이 났다. 당시 백기범 편집국장은 4월 취임 이후 철도-지하철 파업, 김일성 주석 조문 파동, 박홍 총장의 주사파 소동 등 신공안정국 과정에서 비교적 객관적 시각으로 보도에 임해 경영진과 잦은 마찰을 빚었다.

사설을 책임지는 주필의 경우도 사정은 마찬가지다. "한 사람의 기자가 한 신문사의 수습기자로 들어와서 논설위원이 될 때까지 20여 년이 넘는데, 그동안 그의 의식은 그 신문사 사주의 노예처럼 될 수밖에 없게 된다"는 한 유력지 논설위원의 우울한 회고담은 많은 것을 시사해준다.

독자들은 이제 편집기자와 편집부장 편집국장 편집인으로 이어지는 편집자의 피라미드 위계구조 맨 꼭대기에 전혀 문외한인 비편집인이 앉아 있는 모습을 상상할 수 있을 터이다. 사설은 편집인과 논설주간을 통하여, 사설 외의 지면은 편집인과 편집국장을 통해 강력하게 통제하고 있는 이들 사주들의 힘은 적어도 그 신문 내부에서는 가히 봉건시대의 왕권에 버금간다. 아니 능가한다.

사주들의 일차적 관심사는 두말할 나위 없이 이윤이다. 이 점에서 그들은 자본 일반의 성격과 다를 바가 전혀 없다. 공정하고 진실한 편집은 이차적이다. 그건 신문사의 이윤을 크게 저하시키거나 그럴 가능성이 있을 경우 언제든지 쉽게 포기할 수 있는 대상일 뿐이다. 이미 1975년 『동아일보』에서 유신체제와 야합한 사주가 자유언론을 주장한 130여 명의 기자들을 무더기 해고한 사실에서 여실히 확인된 바 있다.

더구나 신문사 수입의 대부분을 차지하는 광고를 재벌들이 주고 있는 것이 엄연한 현실에서, 스스로 재벌의 덤에 올라 있는 신문사 사주들은 기본적으로 다른 재벌들과 이해관계가 같을 수밖에 없다. 여기서 독자들은 우리 신문들이 왜 반노동자적 보도를 일삼는가 비로소 이해할 수 있으리라 믿는다.

신문 편집의 궁극적 주체가 사주들이므로 대부분 우리 신문들 편집 방향이나 사설 논조가 '친자본'이고 노동자들에 적대적인 것은 '필연'이다. 사주 자신이 우리 사회에서 자본가로서 스스로 신문사 내부의 언론노동조합운동에 적대적이거니와, 노동 쟁의 대부분이 주요 광고주인 재벌들의 사업장에서 일어나고 있는 까닭이다. 현대 자본주의 체제가 노동자와 자본가 간의 힘의 균형에 의해 이루어지는 것이라면, 한국의 현실은 참으로 우려할 만한 대목이 아닐 수 없다.

게다가 사설은 고교생들에게 논리적 사고의 훈련용으로 인기를 누리고 있다. 대다수 고등학교에서 일선 교사들이 사설을 논술 수업에 적극 활용할 뿐 아니라, 실제로 신문 사설이 대입시험에 지시문으로 출제되고 있다.

　이른바 '신문교육운동NIE'이란 것도 명목상으로야 신문편집인협회가 교육부로 보낸 공한에서 보듯이 "청소년 어린이들이 어린 시절부터 신문을 읽고 배우며 토론함으로써 자연스럽게 언론의식, 민주의식, 시민의식을 깨닫게 되어 올바른 현대인으로 자라게 될 것"이라는 데 있다. 그러나 이미 살펴보았듯이 한낱 사주의 사설私說에 지나지 않거나 천편일률적인 사설들을 통해 우리 청소년들이 얼마나 민족문제나 노동문제에 비뚤어진 시각을 갖게 될지 우려하지 않을 수 없다.

　한창 감수성이 예민한 시기인데다 아직은 사회를 보는 시각이 성숙되지 않은 청소년들에게는 그 이전에 신문 편집의 왜곡된 구조부터 인식시켜주고 그 신문사의 편집 방향을 가르치는 것이 선행되어야 한다. 이것이야말로 우리 사회에서 지금 절박하게 요구되는 미디어 교육이자 신문 교육 운동이다. 사설을, 신문을 '비판적 안목'으로 읽을 수 있도록 교육하는 일대 방향 전환이 필요하다. 이는 신문기자들조차도 편집의 피라미드 구조 속에서 자기도 모르게 사주의 견해에 젖어들게 되는 현실을 볼 때 더욱 절실한 문제가 아닐 수 없다. 〈그림 3〉과 같은 신문의 피라미드 구조가 사회의 커뮤니케이션을 지배하고 있는 것이 우리의 현실이다. 첫째마당의 〈그림 2〉(23쪽)가 외형적인 신문 편집의 구조라면 실질적인 신문 편집의 피라미드 구조는 〈그림 3〉이다.

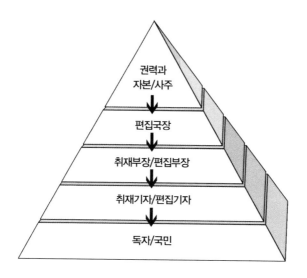

〈그림3〉 **신문과 독자의 피라미드 구조**

신문 편집 구조의 속성을 꿰뚫고 있는 신문사 외부의 정치권력과 재벌들이 직간접으로 신문사 사주에게 '로비'를 하면서 서로 이익을 주고받는 것이 우리 사회 언론 구조의 적나라한 현주소이다. 정권으로 상징되는 정치권력과 광고주인 대재벌들의 경제권력이 신문 편집의 자율성을 굴절시키고 위협하는 외부적 힘이라 한다면, 그 안에서 그들과 기본적으로 이해관계를 같이하며 편집의 자율성을 원천적으로 말살하는 내부적 힘에도 독자들은 주목해야 한다. 이들 사주들의 힘이 얼마나 부정적인가는 친일파들의 후손이 사주로 있는 『조선일보』와 『동아일보』가 친일파를 청산하자는 운동이 아무리 벌어져도 결코 기사를 내보내지 않는 데서 단적으로 드러난다.

독자들은 여기서 진지하게 물어야 한다. 과연 그래도 되는 것일까? 사설을 비롯한 모든 신문 지면의 편집 주체가 결국 사주이어도 그것은 그저 어쩔 수 없는 일일까. 물론 이 책을 읽는 독자들의 대답은 부정적이리라고 믿는다. 다음 마당에서 과연 편집의 진정한 주체는 누구이어야 하는가를 살펴보자.

넷째 마당

지면은 아고다

살 쉬

숨

있

1. 신문기자의
숨결

　지금까지 우리는 신문 지면의 편집에 담겨 있는 철학과 정치학 그리고 경제학의 문제들을 살펴보았다. 지면 뒤에 감추어져 있는 편집의 세계와 그 세계가 오히려 사회 구성원들의 언로言路를 어떻게 가로막고 있는가를 따져보았다. 결국 그 왜곡의 정점에 존재하는 힘이 언론사의 사주 곧 언론자본임도 규명했다. 그렇다면 왜곡의 가능성이 일상화되어 있는 이런 신문 편집의 구조를 보면서 독자들에게 남는 몫은 오로지 '절망'밖에 없는 걸까?

　결코 그렇지 않다. 비록 현실은 비관적이라 하더라도 얼마든지 바꿀 여지가 있다. 이 책의 들머리에서 '신문은 살아 있다'고 한 것은 신문의 미래에 대한 전망도 담은 말이었다. 무릇 살아 있다는 것의 첫째 의미는 가변성에 있다. 이미 굳어져 더 이상 어찌해볼 수 없는 게 아니란 뜻이다. 따라서 바람직한 변화를 이끌어내려는 신문 안팎의 노력이야말로 '신문 바로 읽기'의 고갱이라 할 수 있다.

신문자본의 꼭두각시이기를 거부하는 기자들의 몸부림을 주목해야 할 까닭도 바로 여기에 있다. 그날 하루가 지나면 휘발성 물질인 양 증발되어 남는 게 없을 만큼 별로 가치가 없다며 "신문기사는 휘발유"라고 내뱉는 신문기자들의 자조적 언사는 그런 몸부림의 역설적 표현인지도 모른다. "신문기자는 사실을 쓰지만 결국 거짓말이요, 소설가는 거짓말을 쓰지만 결국 사실"이라는 말도 그렇다.

이 책 둘째마당에서 보았던, 삼성의료원 부실 기사를 통째로 삭제당했던 기자는 "이미 포기한 지 오래다. 젊었을 때는 분개해서 항의하고 난리를 쳤을 테지만 지금은 체념한 상태"라고 담담하게 말했다. 참담한 말이다. 그러나 현실은 그런 체념과 무기력뿐 아니라, 오히려 편집의 왜곡 구조에 적절히 순응해가며 이를 '출세'의 발판으로 삼는 '기자 아닌 기자'들도 상당수에 이를 정도로 더욱 참담하다. 신문기자 출신의 국회의원들이나 장관들이 좀 많은가. 실제로 권력 쪽으로 간 일부 기자들은 "언론계에서 더 이상 클 수 없기 때문"이라는 명분을 내세우기도 했다.

그렇다고 해서 신문기자들이 모두 무력감에 빠진 자들이거나 아니면 권력지향적인 출세주의자들이라고 단정하는 것은 올바르지 않을뿐더러 현실과도 다르다.

근대 언론이 도입될 때 기자란 말 자체가 '사史는 기사자야記事者也'라는 새김에서 나왔다는 말이 있듯이, 신문기자란 역사의 기록자다.

조선시대 사관史官과 선비들의 대쪽 기개는 마땅히 우리 언론이 이어받아야 할 '기자정신'이다. 어떤 압제에도 굴함이 없이 하루하루 일어나는 역사를 기록해나가는 것이 바로 신문기자 본연의 과제라는 의미이다. 미국에서 『뉴욕타임스』를 두고 "그날자의 타임스는 신문, 하루가 지나면 역사교과서"라고 말하는 것도 같은 맥락이다.

사실을 사실 그대로 보도하는 것은 다만 역사의 기록자라는 수동적 기능에 그치지 않는다. 신문기자는 자신의 기사나 표제로 직접 현실을 변화시키는 과정에 참여한다. 자신이 쓴 기사로 현실이 바뀌는 모습을 목격할 때가 기자로서 가장 보람을 느끼는 순간이 아닐까. 언론인은 단순히 역사를 기록하는 사람을 넘어 역사를 만드는 사람history-maker이다. "펜은 칼보다 강하다"는 고전적인 명제가 힘을 발휘하는 것도 바로 그 지점이다.

그러나 신문기자의 이상을 가로막고 있는 장벽은 이미 살펴보았듯이 높다. 푸른 꿈을 안고 세칭 '언론고시'를 통과한 뒤에도, 편집국 사회부에 배치되어 경찰서를 출입하며 6개월의 수습을 마쳐야 겨우 정식 발령을 받는다. 그렇게 시작한 신문기자 생활이 명백한 진실도 보도할 수 없는 벽에 부딪칠 때 느끼는 좌절감이나 '허위의식' 유포자로 전락되는 비애감을 올곧고 당당하게 극복해낸다는 건 말처럼 그리 쉽지는 않다.

물론 독자들이 지면을 통해 그런 갈등까지 읽어내기란 불가능한 일이다. 표제가 어떻게 바뀌고 그 수정 과정에 편집자와 편집책임자

사이에 어떤 고성이 오갔는지를 독자들이 알 수 있는 길도 없다. 그러나 지금 보고 있는 신문 지면이 바로 그 지난한 과정의 산물임을 염두에 둔다면, 피라미드에 갇혀 있는 기자들의 숨결을 어느 정도 느낄 수 있을지도 모르겠다.

2. 역사로 본
편집의 숨결

신문 지면 편집 자체도 나름의 역사가 있다. 편집의 역사적 변화 과정은 시대적 추세의 반영이므로, 이를 꿰어보는 것은 지면 자체를 역동적으로 읽는 데 적잖은 도움이 된다.

첫째마당에서 우리는 신문 편집의 3원색을 살펴봤다. 그러나 근대 신문 초기부터 그런 원리와 체제가 모두 구비돼 있었던 것은 아니다. 한국에 오늘날과 같은 신문이 도입된 것은 1880년대이다. 1883년 10월 창간된 『한성순보』가 그 '효시'인데, 물론 당시 『한성순보』는 오늘 우리에게 익숙한 신문의 편집 형식과는 사뭇 다른 모습이다. 무엇보다 표제를 전혀 찾아볼 수 없고, 기사를 가르는 단段의 개념도 없다. 국판 책자형 크기의 지면에 18쪽 내지 24쪽으로 묶어 그냥 기사를 쭉 배열하는 형태를 취하고 있다. 정부기구인 통리아문 박문국에서 열흘마다 한 번씩 발행했던 이 신문의 편집은 매우 단조로웠다.

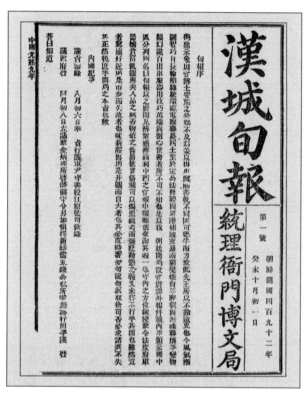

〈자료 78〉 한성순보 창간호 1면

그러나 그렇다고 편집의 개념까지 없었다고 판단하는 것은 잘못이다. 이미 살펴보았듯이 기사 자체가 무수한 현실에 대한 취사선택이라는 점에서 명백한 편집 행위다. 더구나 『한성순보』에서 표제는 찾아볼 수 없어도 사진은 이미 나타나고 있다. 창간호에 실린 '지구환일도地球環日圖'가 그것이다. 지구환일도는 말 뜻 그대로 지구 중심의 중세 질서를 부정하고 비판하기 위한 편집자의 의도를 보여준다.

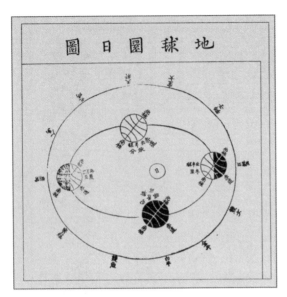

〈자료 79〉 한성순보 창간호에 실린 지구환일도

번거로운 기사나 표제보다 전근대적 봉건질서라는 잘못된 세계 관을 한눈에 보여주는 효과가 있다고 판단했을 법하다. 문맹률이 높았던 때임을 감안하면 일반 독자들에게 그 의도를 효과적으로 전달할 수 있는 방법이었을 성싶다. 바로 이것이 신문 사진의 위력이다. 전두환-노태우의 첫 공판에서 대다수 신문들이 사진을 크게 부각한 것도 같은 맥락이다. 『한성순보』와 오늘의 신문들 사이에도 편집의 맥이 여전히 이어지고 있는 셈이다.

우리나라 '최초의 근대 신문'으로 평가받는 『한성순보』는 창간 이듬해 갑신정변의 여파로 박문국이 불타면서 폐간되고 말았다. 그 후신으로 1886년 1월에 창간된 『한성주보』는 1면 편집 형식에서 『한

〈자료 80〉독립신문 창간호 1면

성순보』보다 다소 후퇴한 모습이다. 1면을 아무 기사도 없이 큼직한
글씨로 '한성주보 제1호'만 인쇄하여 책제목처럼 만들었다. 이어 기
사들을 책자처럼 묶어 1면은 잡지의 표지와 다름없게 되어 있다.

그러나 『독립신문』에 이르면 편집의 형식이 한 차원 높아진 것을
발견할 수 있다. 1896년 창간된 최초의 '민간신문'인 『독립신문』은 3
단제를 도입했다. 『독립신문』의 등장은 한국 근대 언론의 성격에 대
단히 큰 영향을 끼쳤다. 하지만 『독립신문』에서도 아직 표제는 찾아
볼 수 없다. 3단으로 나누어 기사를 단지 분류만 해서 싣고 있을 뿐

이다.『독립신문』의 창간호 1면에는 논설만 실려 있다.

한국 언론사에 표제가 처음으로 출현한 것은 1905년『대한매일신보』가 창간되면서였다. 비록『대한매일신보』의 표제는 단순히 기사를 소개하는 정도로 일반적인 제목의 성격에 더 가까웠지만, 이는 신문 편집의 새로운 차원을 예고하는 변화였다. 단段과 표제의 개념이 도입되면서 편집은 철학과 정치학의 문제를 담는 획기적 발전을 이루게 된다. 기사와 사진 그리고 표제로 이루어지는 신문 편집의 그림이 본격적으로 지면 위에 그려지기 시작한 것도 이때부터이다.

사실 신문 편집은 그 사회의 시대적 요구 및 한계와 밀접히 관련된다. 신문 편집의 틀거리 자체가 시대상을 반영하고 있다는 뜻이다. 이는 외국의 신문들과 우리 신문들의 편집을 비교해보면 쉽게 알 수 있다. 우선 1면을 놓고 비교해보자.

1면을 특히 중시하는 관행은 우리 신문보다 한 걸음 더 나아가 있다. 가령 미국의 전국지인『유에스에이 투데이』는 '1면부'라는 독립 부서가 따로 조직돼 있을 정도다. 그러나 이른바 '권위지'일수록 1면 머리기사의 표제 크기를 그 기사의 경중에 따라 매우 신중히 편집하고 있음에 유의해야 한다. 가령『뉴욕타임스』는 별다르게 큰 사건이 없을 때 1면 머리기사를 2단 표제로 처리하는 사례가 많다. 전단全段에 걸쳐 큼직한 표제로 편집하는 것은 대단히 드문 일로 여겨진다. 제2차 세계대전 당시 독일이 항복했을 때 전단 3줄 표제가, 일본의 무조건 항복으로 세계대전이 막을 내렸을 때 전단 4줄 표제가 처음

선보였다고 한다.

일상적인 표제도 한국 신문에 비해 대단히 차분하다. 『뉴욕타임스』는 물론이고 프랑스와 영국을 대표하는 『르몽드』나 『더 타임스』도 1면에서 본문 기사에 대한 표제의 비율은 25%를 넘지 않는다. 독일의 『프랑크푸르트 알게마이네 자이퉁FAZ』은 표제 비율이 더욱 적어 15%선에 그치고 있다. 일본의 『아사히신문』이 40%에 이르고 있으나, 이 또한 한국 신문에 비교할 바는 아니다. 우리 신문들은 표제와 기사의 비율이 거의 반반이라 할 만큼 표제의 비율이 크다. 그만큼 선정성이 강하다는 뜻이다.

물론 이는 격동의 연속이었던 우리 근현대사의 반영일 수 있다. 전쟁과 혁명 그리고 쿠데타와 민중항쟁으로 점철된 한국 사회에서 표제가 커지는 것은 불가피한 일이었는지도 모른다. 한국 신문의 1면 표제가 획기적으로 커진 편집 사례를 되돌아보아도 이 점은 분명해진다. 한국언론재단의 자료에 의하면, 우리 신문 역사상 통 3단 표제가 처음 등장한 것은 1960년 4월 19일자 『조선일보』였다.

그리고 박정희 대통령의 피살을 알리는 1979년 10월 27일자 『중앙일보』에 이르러 통 4단 표제로 커졌다. 물론 그 편집들은 4월혁명과 10월정변이 한국현대사의 큰 전환점이었다는 점에서 그 역사적 위치에 합당한 편집이라고 평가할 수 있다. 특히 두 신문의 1면 편집은 광고까지 없앤 편집이라는 점에서도 신문 편집사에 기록으로 남을 만하다.

〈자료 81〉 조선일보, 1960년 4월 19일자 1면

〈자료 82〉 중앙일보, 1979년 10월 27일자 1면

〈자료 83〉 조선일보, 1996년 2월 13일자 1면

　　문제는 한국 신문에서 통단 표제들이 남용되고 있다는 점이다. 대
표적인 경우가 성혜림 씨 사건을 보도한 『조선일보』의 1996년 2월
13일자 1면이다. 과장된 편집의 전형이라 하겠다.

　　이런 예에서 보듯, 우리 신문의 1면 구성은 많은 지식인들과 독자
들로부터 불신을 받아왔다. 선정적인 지면 구성이 늘 논란이 되어왔
을 뿐만 아니라 가치판단도 일관성 없이 흔들리고 있다는 것이 중론
이다. 신문들의 무분별한 상업주의적 표제 작성은 1987년 6월항쟁
이후 본격적으로 불붙은 증면 경쟁으로 더욱 심화되고 있다.

〈자료 84〉 한겨레신문, 1988년 5월 15일자 1면

　신문 증면이나 신문간의 경쟁 그 자체는 더 많은 정보 제공이나 진
실 추구라는 점에서, 그리고 경쟁이 자본주의 사회의 구성 원리라는
점에서 문제가 되지 않을 수도 있다. 그 경쟁 속에서 우리 신문의 편
집 형식이 가로편집으로 바뀌어가고 있는 것도 큰 성과이다.

　〈자료 84〉는 1988년 5월 15일 창간된 『한겨레신문』의 1면이다.
세로편집의 오랜 관행을 과감하게 벗어나 전면 가로편집으로 신문
을 제작한 것은 편집사의 새 지평을 연 것으로 평가할 수 있다. 사실
상 세로편집은 일제의 잔재로서 한글과는 전혀 맞지 않는 편집 형식

이었다. 가로편집의 가독성이 훨씬 높음에도 우리 신문들이 세로편집을 고집한 것은 '권위지'의 의미를 잘못 이해한 때문이기도 하다. 이는 일부 편집자들이 "가로편집은 대학 신문 같다"라든가 "권위가 없어 보인다"라든가 "힘이 느껴지지 않는다"는 터무니없는 논리로 가로편집 도입을 반대했었던 것에서 잘 드러난다.

그러나 『한겨레신문』의 '혁명적 가로편집'을 계기로 가로편집은 확산되어 갔으며 해방 후 세대가 우리 사회의 대다수가 되면서 1990년대 말에는 모든 신문이 가로쓰기로 전환했다. 가장 마지막까지 세로편집의 형식을 고집한 신문일수록 형식뿐만 아니라 내용에서도 수구적 편집을 보이고 있는 것은 독자들이 한 번쯤 음미해볼 만한 대목이다.

문제는 1987년 6월항쟁 뒤 가로편집의 도입과 확산이라는 긍정적 변화와 정반대로 무한경쟁의 부정적 모습이 신문시장을 압도하고 있는 현실에 있다. 신문의 무한경쟁이 보다 좋은 지면을 만들겠다는 목적과는 동떨어진 논리에 의해 지배되고 있기 때문이다.

두루 알다시피 오랜 세월 신문들은 '카르텔 체제'에 안주해왔다. 1961년 군부 쿠데타 직후 단간제 8면으로 자리잡은 뒤, 1980년에 단 한 차례만 12면으로 증면했을 뿐 1987년 6월항쟁에 이르기까지 카르텔 체제가 유지되면서 각 신문사들은 상당한 수익을 올릴 수 있었다. 그 사이에 신문사들은 수차례 증면을 요구했으나 당국은 언론통제가 약화될 것을 우려해 지면 수를 제한해왔다.

그러나 1987년 6월항쟁으로 권력의 언론 통제는 불가피하게 전환점을 맞게 되고 30년에 걸친 카르텔 체제도 붕괴되기에 이르렀다. 이 시점을 계기로 신문사들은 군사정권 시절 축적된 자본력을 바탕으로 본격적인 이윤 추구 경쟁에 나서 증면을 시작했다.

따라서 카르텔 체제의 붕괴에서 보듯이, 신문사 간 경쟁은 그것이 보도의 질을 높이는 경쟁이 될 경우 대단히 긍정적 계기가 될 가능성도 있었다. 그러나 앞으로 살펴보겠지만 현실적인 전개 과정은 전혀 그렇지 못했다. 신문 무한경쟁 그 자체는 6월항쟁의 성과물이라 볼 수도 있으나, 신문사 사주들이 이윤 추구에만 급급하여 정작 그 항쟁의 주체였던 독자들에게는 부정적인 결과만을 떠안긴 셈이다.

1987년 9월 1일, 주요 신문사들이 12면에서 주 8면을 증면하면서 증면 경쟁이 시작되었다. 1988년 4월 1일에는 매일 16면으로 발행되기 시작했으며, 1989년 10월 『조선일보』가 1일 20면을 발행하면서 곧이어 대부분의 신문사들이 이를 따랐다. 1993년 4월에는 『조선일보』『동아일보』등이 32면을 발행했고, 마침내 1994년 9월 『중앙일보』가 1일 48면 발행함으로써 7년 만에 지면 수가 4배로 늘어날 만큼 급속도로 신문 지면이 늘어난 것이다.

이와 함께 석간신문들의 조간화 경쟁도 줄을 이었다. 사실상 석간신문의 수명은 그날 저녁 텔레비전 뉴스가 나오면 끝나는 것이어서, 상대적으로 조간신문에 비해 '생존 기간'이 짧아 광고 단가도 쌀 수밖에 없는 탓이다. 1991년 4월 『경향신문』이 조간으로 바뀐 뒤 93년 4

월에는『동아일보』가, 그리고 1995년 4월에는『중앙일보』까지 조간으로 돌아섬으로써 서울에서 발행되는 종합일간지의 대부분이 조간신문이 되었고 그만큼 경쟁도 더욱 심화되었다.

이에 따라 주요 신문들이 한정된 조간 시장의 선점을 위해 부수 확장 운동을 전개하면서 무가지를 대량으로 배포하는가 하면, 고액의 불법 판촉물을 경쟁적으로 제공하는 불공정거래마저 서슴지 않았다. 이것이 마침내 1996년 7월 살인사건까지 불러왔음은 다 아는 사실이다.『조선일보』의 판매지국 직원이『중앙일보』의 판매지국 직원에 의해 살해당하면서 일어난 신문전쟁이 그것이다.

편집의 측면에서 보더라도 무한경쟁의 문제점은 한두 가지가 아니다. 먼저 지면 편집의 질적 저하를 들 수 있다. 기자 충원이 제대로 되지 못한 상황에서 서두른 증면으로 신문마다 지면 메우기에 급급하다보니 보도의 질이 떨어질 수밖에 없었다. 증면의 긍정적 측면은 올바르고 다양한 정보 제공에 있을 터이다. 그러나 증면 이후 오히려 지면의 질은 선정적 보도에나 집착하는 수준으로 떨어졌으며, 다양성 추구라는 미명 아래 연예기사의 폭증으로 귀결되어 신문의 잡지화 현상이 뚜렷이 나타났다. 무한경쟁이 독자를 위해서 출발된 것이 아니라는 점에서 당연한 결과인 셈이다.

더구나 거듭된 증면과 휴일판 및 부록판 발행으로 신문기자들의 노동 강도가 크게 높아져 대부분이 과로에 시달리고 있다. "일요일을 돌려달라"는 신문기자들의 요구에 신문사 사주들은 전혀 개의치 않았다. 더구나 과열된 조간 경쟁은 '밤샘 경쟁'의 양상으로 치달아 편집자들의 심신을 극도로 지치게 하고 있다. 이는 결국 편집자들의 창의력 위축으로 나타나고 편집의 약화로 이어지게 마련이다.

또 다른 문제점은 신문사들의 무분별한 경쟁으로 신문의 광고 의존도가 크게 높아진 점이다. 면이 대폭 늘어남에 따라 채워야 할 광고량도 크게 늘어났고, 그 결과 수주경쟁이 본격화함으로써 신문 편집에 광고주의 영향력은 더욱 커졌다. 광고 유치 경쟁이 치열할수록 광고주, 곧 자본의 논리에 신문 편집이 종속될 가능성은 그만큼 높아질 게 뻔한 일 아닌가.

마지막으로, 무분별한 증면 경쟁은 결국 독과점적 언론 구조를 강화시킨다. 신문시장에 '부익부 빈익빈' 현상을 초래함은 물론이고 새로운 신문의 출현을 극도로 제약하게 된다. 기존 언론의 한계와 문제점을 극복하고 이에 저항하는 새로운 신문의 탄생을 구조적으로 막게 되므로, 당연히 독자의 기존 언론에 대한 불만이나 다양성에 대한 욕구도 해소될 기회가 없어지게 된다.

주요 '신문 대기업'의 경우, 전면광고가 날마다 15면 안팎에 이르고 있으며, 이에 따라 신문 지면의 광고 점유율도 크게 늘어나 독자들을 짜증나게 하는 수준을 넘어서고 있다. 『동아일보』(57.2%), 『조선일보』(55.9%)를 비롯한 대부분의 '유력 신문'들의 광고 점유율이 50%를 넘어서 광고지인지 신문인지 구별이 안 갈 정도다.

물론 증면이 되면서 신문 편집의 영역이 대폭 넓어진 것은 사실이

〈자료 85〉 한국일보, 2017년 2월 2일자 30면

다. 사설과 외부 기고자의 칼럼을 같은 지면에 편집하기 시작한 것도 바람직한 일이다. 이에 따라 현재는 〈자료 85, 86〉처럼 거의 모든 신문이 '여론'면을 양면으로 펼쳐 사설과 외부 기고문을 함께 보여주고 있다.

그러나 우리 신문들의 외부 기고는 철저히 그 신문의 관점에 따라 편집되고 있기 때문에 의미를 제대로 살리지 못하고 있다. 오히려 자신들의 신문 편집이 정당하다는 것을 선전하기 위해 외부 기고자들

〈자료 86〉 한국일보, 2017년 2월 2일자 31면

의 글을 '이용'하고 있다. 사설과 외부 칼럼을 같은 지면에 배치해 의견의 다양성을 보장하겠다는 취지와 현실 사이에는 큰 거리가 있는 것이다. 외부 칼럼의 필진이나 내용이 대체로 그 신문의 사설 논조와 비슷한 필자의 글로 채워지고 있기 때문이다. 증면으로 도입된 새로운 편집 형식에 걸맞게 편집 내용을 담아내지 못하고 있는 셈이다.

특히 증면 이후 뉴스면보다 간지면間紙面이 급격히 늘어나고 있는 신문 편집의 형태는 한국 사회의 전반적인 변화와도 맥을 같이 한다.

그간의 경제 성장을 바탕으로 자본주의적 질서가 정착되면서 안정 지향적인 중산층이 대거 등장했다. 소득 수준이 비교적 높은 이들 중산층의 다양한 요구에 맞춰 신문 편집에 디자인의 개념이 도입되는 등 독자들에게 신문 보는 재미를 늘려주고 있는 것도 일면 사실이다.

그러나 동시에 이는 신문이 한없이 가벼워지고 있다는 것을 의미한다. 이미 신문 편집의 잡지화는 대세를 이루고 있다. 신문의 잡지화를 우려하는 한탄은 곧바로 책의 잡지화에도 적용된다. 호흡이 긴 장중한 기사보다 짤막짤막한 자극적인 기사들이 주된 흐름이 되고 있는 것도 사회구성원의 정신 건강을 위해서는 결코 바람직한 현상이 아니다. 신문의 잡지화와 책의 잡지화가 서로 상승작용을 일으키며 우리 사회의 여론을 단순화·파편화하고 있기 때문이다.

정론지를 자처하는 신문 지면에 노골적인 도색 소설들이 선정적인 삽화와 함께 매일 편집되고 있거나 영화배우 및 대중가수들의 사진이 전면에 걸쳐 대문짝만하게 편집되고 있는 것이 대표적인 '지면 경박화'의 예이다. 서구 권위지에 대부분 연재소설이 없다는 사실은 접어두고라도, 독자를 확보하기 위해 도입한 이들 소설의 편집에서도 선정적인 컬러 그림이 들어가거나 내용 자체가 갈수록 포르노에 가까워지고 있다. 이는 어찌 보면 스크린·스포츠·섹스 등 이른바 독재권력의 고전적인 우민화정책(3S정책)의 현대판이라 할 수 있다. 과거에는 정치권력이 이를 부추겼지만, 이제는 언론 스스로가 상업주의적 잇속을 챙기기 위해 앞장서고 있는 게 다를 뿐이다.

신문 편집의 상업주의화가 불러오는 것은 대중들의 정치적 무관심과 냉소주의이다. 권위지와 황색저널리즘이 마구 뒤섞여 독자들의 판단력을 마비시키는 것이다. 무분별한 지면 늘리기와 상업주의적 편집으로 말미암아 신문을 읽는 독자들이 지엽적이고 말초적인 일상에 매몰되어 무엇이 우리 사회의 절실한 문제인가를 전혀 알 수 없게 된다.

더구나 우리 신문들은 지난 군사정권 시절 정통성이 없는 정치권력과 밀월관계를 유지해왔기 때문에 신문 편집의 가치판단을 바로 세우는 과제는 한결 절실하게 제기되고 있다.

3. 실패한 편집과 편집권

"반민주적 상황이 우세했고 압력이 심했던 1986년 여름에는 '성을 혁명의 도구화하는 파렴치한 악녀'로 진상을 왜곡할 수 있었다. 사회 분위기가 변하고 각종 고문이 폭로되고 시위가 잇따르면서 나를 '역사를 위해 가장 힘든 수치심을 극복한 용감한 여성'으로 치장할 수 있었다."

권인숙 씨가 언론에 "비굴했던 과거를 과감히 고백하라"며 언론인들의 '카멜레온적 속성'을 비판한 대목이다.

굳이 권인숙 씨의 비판이 아니더라도, 그동안 우리 사회에서 신문은 실체 이상의 과대평가를 받아왔다. 이미 살펴보았듯이, 우리 신문들은 서재필과 『독립신문』에 과대한 찬사를 늘어놓으면서 자사 신문에 대해 '지사적 전통'이니 '민족언론'이니 하는 민망한 수사들을 걸어놓았다. 그런다고 우리 신문들의 왜곡과 굴절의 역사가 지워지는 건 아니다.

1995년 겨울, 당시 김영삼정부가 5월 학살자들을 구속할 때 우리 신문들은 그들의 죄상을 밝히는 기사를 엄청나게 쏟아냈다. 그러자 일부에서는 이에 대해 죽은 고기나 뜯어먹는 '하이에나 언론'이란 비판이 떠돌았다. 왜? 학살자들의 죄과가 모든 신문 지면들에 넘쳐나던 1995년 겨울의『동아일보』정치부장은 1980년 여름 전두환을 새 시대의 기수로 추켜세운 문제의 기사를 쓴 사람이었으며, 1980년 5월민주화항쟁 당시『조선일보』사회부 데스크로서 직접 기사를 써서 광주를 난동자들의 무법천지로 보도한 기자는 1995년 겨울『조선일보』의 주필이 되어 있었다.

그래서일까. 언론이 죽어가고 있다는 목소리가 드높다. 반면 죽어가는 언론을 살려야 한다는 외마디는 아직도 공허한 울림이 되고 있다. 그러나 아직도 희망은 남아 있다. 우리 사회가 진정으로 민주화되려면 언론부터 살려내야 한다는 인식이 뜻있는 독자들 사이에서 시나브로 확산되고 있기 때문이다.

1980년대부터 눈부시게 외형적 성장을 거듭해온 신문산업과 그 속에서 노동자로 일하는 신문기자도 마땅히 구분해야 한다. 언론산업은 스스로 재벌이라는 비판을 받을 만큼 화려하게 성장한 반면에 그 기름진 언론자본의 그늘에서 '참 언론'은 죽어가고 있어서다.

언론은 1990년대에 이미 '신新 오적五賊' 중 첫째가는 도둑으로 꼽히는 상황에 이르렀다. 저 암울했던 1970년대에 한 시인에 의해 재벌·국회의원·고급공무원·장성·장차관 등으로 지목되어 원성의 표적이 되었던 오적은 1990년대 들어 언론·판검사 및 변호사·땅투기꾼·공해범·공무원으로 재편성되었다는 비판이 일었다. 언론이 '언론'이 아니라 '언도言盜', 즉 말도둑이요 글도둑이라는 질타이다.

언론의 상황이 참담함에도 언론 내부에서 사실상 개혁의 주체라 할 수 있는 신문기자들 대다수는 죽어가는 언론 앞에서 소극적으로 방관만 하고 있다. 물론 모든 기자들이 팔짱만 끼고 있는 것은 결코 아니다. 신문사마다 활동력에 차이는 있으나 노동조합을 중심으로 신문 편집의 왜곡된 구조를 개혁하기 위해 노력하고 있다.

그 결집체라 할 전국언론노동조합연맹(언론노련)의 활동을 살펴보자. 신문사 내부에서 사주의 절대권력을 견제하고 왜곡된 편집 구조를 민주화할 수 있는 합법적인 조직은 사실 노동조합밖에 없다.

언론노련은 언론사 내부의 민주화와 편집권 독립을 통한 민주언론의 실현을 그 강령으로 하고 있다. 편집권이란 '신문을 편집하는 권한'이다. 따라서 기자들이 편집권 독립을 요구하는 까닭은 권력과 자본으로부터 간섭받지 않고 신문 편집에서 자율성을 확보하자는 뜻 그 이상도 이하도 아니다. 그러나 신문사 사주들은 군부독재정권에 맞서 편집권 독립을 전혀 지켜내지 못했으면서도, 기자들 앞에서는 편집권을 경영권의 일부라고 강변했다. 사주들이 편집권을 '사수' 하겠다는 다짐은 논리상으로도 그렇거니와 그들이 걸어온 길을 돌아보더라도 전혀 납득할 수 없는 주장이다.

편집권 독립에서 초미의 관심사는 편집국장을 기자들이 직접 선거로 뽑는 일이다. 편집국장 직선제도는 국장의 존재 기반이 사주가 아니라 기자들이 된다는 점에서 왜곡된 피라미드 구조를 일거에 무너뜨릴 수 있는 핵심적 사안이다. 그러나 바로 똑같은 이유에서 언론사 사주들은 편집국장 직선제를 완강히 거부하고 있다. 편집권 독립이 형식적으로 존재할 뿐 현실적으로 전혀 이루어지지 않고 있는 것도 이 때문이다.

사정이 그러함에도 기자직 조합원들 대부분이 노동조합 활동에 방관자적 자세를 보이는 것은 안타까운 일이다. 그 무관심은 노조 간부들의 사기를 저하시키고, 이것이 다시 일반 조합원들의 대중적 참여를 가로막는 악순환을 낳고 있다. 그 악순환 속에서 일반 기자들은 물론 노동조합 활동가들도 신문사 사주들과의 싸움에서 심각한 패배주의에 사로잡혀 있다.

두루 알다시피 전두환정권의 언론계에 대한 '당근정책'은 언론계의 임금 수준을 이미 1980년대 후반에 모든 업종의 대졸 초임 중 거의 최고 수준에 올려놓았다. '언론대학살'이라는 '채찍'과 함께 언론노동자들에게 주어진 파격적 고임금은 기자들을 개량화하여 체제 내로 흡수하는 정책이었다. 1975년 동아사태 당시 노동조합 발기문에 나오는 "최소한의 생활급조차 보장받지 못하는 근로 조건 아래서 허덕여온"이라는 문구를 보면 격세지감을 느끼게 한다. 20년 기자 경력의 신문사 편집국장이 겨우 7년 된 은행 대리보다 월급이 낮았던 당시와 2000년대 이후 신문기자의 현실은 현격한 차이가 있다. 이른바 5공화국의 '신군부'가 추진한 개량화 정책과 그 노림수가 '성공'한 셈이다.

치열한 '고시 경쟁'을 뚫고 들어온 젊은 수습기자들이 예전보다 상대적으로 역사의식이나 사회의식이 떨어지는 것도 미루어 짐작할 수 있는 일이다. 동시에 기자로서의 특권의식은 반비례하여 커진 듯싶다. 수습기자들 가운데 적지 않은 기자들이 1996년 8월의 '연세대 사태'에서 한총련의 선의마저 적대시하는 기사들을 자발적으로 썼던 점을 보아도 그렇다.

취재라는 1차적 편집 과정에서 이미 사회 현실을 바라보는 눈이 다른 것이다. 비단 『조선일보』만의 문제에 그치지 않는다. 가령 『중앙일보』 2001년 11월 21일자 사회면 머리기사를 보자. 「총학생회 선거전 반운동권·반정치 바람」이라는 주먹만한 표제의 이 기사는 서슴없이 총학생회장 선거가 "비운동권·탈정치 풍조에서 한 단계 더 나아가 반운동권·반정치가 주류를 이룬다"고 보도했다.

『동아일보』 2002년 1월 4일자는 더 파격적이다. '주말 에디션'이라며 별도 섹션으로 선보인 지면에서 『동아일보』는 전면에 걸쳐 '20대 보수로 간다'고 대문짝만하게 편집했다. 바로 이어 그 뒷면은 큼직한 표제로 "세상을 바꾸기보다 세상을 즐기며 산다"고 강조한다.

『중앙일보』와 『동아일보』가 20대를 상대로 '보수화'나 정치적 무관심을 부추기는 여론몰이를 직간접적으로 하고 있는 것이다.(이에

〈자료 87〉 중앙일보, 2001년 11월 21일자 사회면

〈자료 88〉 동아일보, 2002년 1월 4일자 주말에디션 1~2면

대한 자세한 분석은 저자의 책『민중언론학의 논리』참고) 문제의 기사를 쓴 기자들 또한 젊은 기자들임은 물론이다.

구조적 요인을 중요하게 고려해야 할 이유가 여기에 있다. 사주에 의해 통제되는 편집국장과 편집인은 자신들의 의사, 사실상은 사주의 생각을 추종하는 기자들을 중심으로 편집국 주요 부장들의 인사하게 마련이고, 편집국 각 부장들은 기자들의 주요 출입처 배정에서 다시 이를 적극 반영한다.

앞서 인용한 젊은 기자들의 취재기사들도 개개인의 문제라기보다 구조적인 문제에서 비롯되는 것이라고 볼 수 있다. 실제로 신문사 사주들은 언론노동조합이 결성된 뒤부터 수습기자 선발에서 면접 비율을 대폭 강화시켜 시위 전력자나 학생운동 출신들을 대체로 탈락시키고 있다. 이는 어쩔 수 없이 '인정'한 언론노동조합을 고사시키려는 세련된 전술이다.

언론자본의 집요한 노조 약화 정책은 상당히 효과적으로 관철되고 있어 언론노동운동의 위기를 초래하고 있다. 가령 노동조합 간부 출신 기자들에게 노골적으로 인사상의 불이익을 주는 한편 수습기자들을 선발할 때도 면접을 통해 노동조합에 긍정적인 지원자들을 배제함으로써 언론노동조합 집행부의 재구성마저 어렵게 만들고 있는 실정이다.

따라서 언론사별로 구성된 노동조합이 자사의 테두리를 넘어 뭉쳐야 한다는 과제가 절실하게 제기된다. 현재 조선·중앙·동아일

〈자료 89〉 동아일보. 2016년 11월 14일자 A01면

　보사의 노동조합은 기업별 노조의 형태로 그 기업의 소유주에 대해 주체적으로 행동하기 어려울 건 뻔하다. 그래서 노동운동이 발달된 유럽에서 기업별 노조는 전혀 인정되지 않고 있으며, 'Company union'이란 말도 '어용노조'라는 의미로 통할 정도다.

　현실적으로 『조선일보』『중앙일보』『동아일보』세 신문사의 노조가 산업별노조로 거듭 나는 것은 그 과제 자체가 몽상적으로 들릴 만큼 요원하게 여겨지고 있다. 신문사들 사이에 사세 확장을 둘러싼 무한경쟁으로 기자들조차 자사이기주의에 지배받고 있기 때문이다. 뜻있는 젊은 기자들이 있지만 그들의 목소리가 조직화하기에는 사주의 힘이 너무 절대적이다.

바로 여기에 독자들의 과제가 있다. 왜곡된 신문 편집 구조를 바로 세우는 작업을 현직 신문기자들에게 기대하기 어렵다면, 독자들은 가만히 앉아서 언제나 왜곡된 신문 지면을 바라만 볼 수밖에 없을 터인가. 만일 그렇다면 이는 편집의 실패 못지않은 독자의 실패가 될 것이다. 그런 의미에서 2016년 11월 서울 광화문광장에서 백만 촛불집회가 열린 이후, 광장 옆에 사옥이 있는 『동아일보』의 1면 편집이 눈에 띄게 달라진 모습(〈자료 89〉)은 독자의 힘을 상징적으로 보여준다.

4. 당신이 신문 편집자다

편집 민주화와 편집권 독립의 과제는 사실 기자들만의 문제일 수 없다. 모든 사회 구성원들은 언론의 자유를 누려야 할 권리가 있다. 언론의 민주화는 분명 국민 모두의 몫이다. 특히 1990년대 초부터 신문사 사주들이 신문 편집에 노골적으로 간섭하면서 기자들의 내부 저항력이 상당히 약화되었기 때문에, 수용자인 독자들의 적극적인 참여 없이는 신문 편집의 민주화란 언제까지나 '이룰 수 없는 꿈'으로 남아 있을 수밖에 없다.

1980년의 5월 학살자들을 미화하고 찬양하는 기사와 표제로 신문을 편집하는 데 앞장섰던 주요 신문사들이 아무런 공식사과나 해명 없이 전두환-노태우를 칭송했던 바로 그 지면을 통해 그들을 다시 난도질하는 민망스러운 행태들도 독자들의 국민적 운동 없이는 청산되기 어렵다. 군사정권과 손잡았던 언론자본과 언론인들이 현재 대부분 언론사의 고위 간부로 포진되어 언론 내부의 '인맥'을 형성하고 있기 때문이다.

해방 이후 한국 현대사가 친일파 청산을 비롯하여 단 한 번도 과거를 제대로 심판하지 못해 왔듯이 한국 언론 또한 마찬가지다. 친일 언론인들이 득세하여 그들 중심으로 반세기에 걸쳐 냉전적이고 수구적인 언론계의 인맥이 확고하게 자리를 잡고 있다. 더구나 그들의 관점은 나날이 그 입지가 강화되고 있는 언론자본과 이해를 같이 하기 때문에 그들의 위상은 상당히 견고하다. 이는 비단 과거 실패한 편집의 문제에만 그치지 않는다. 그들은 앞으로도 상황이 바뀔 경우 권력자의 의지에 따라 언제든지 편집 방향을 바꾸어나갈 준비가 되어 있다고 해도 지나친 말은 아니다.

우리 사회의 여론을 건강하게 이끌어갈 올바른 신문을 가질 권리는 사실상 신문기자들만의 것이 아니라 국민 모두의 것이라는 인식 위에서 독자들이 편집 바로 세우기의 주체로 나서야 한다. 독자들이 신문 편집을 비판적 안목으로 읽고 감시할 필요가 있는 것이다. 겉으로 보기에 정연하게 편집된 신문 편집 속에 담긴 기자들의 '개혁 숨결'과 숨은 권력의 '거친 숨결'을 모두 느낄 수 있다면, 지금과는 전혀 다른 차원의 신문 읽기가 가능할 것이다.

물론 요란한 '정보화 시대'의 구호 아래, 정보화 사회가 되기만 하면 모든 문제가 일거에 해결될 듯 보는 낙관적 견해도 없지 않다. 실제로 컴퓨터의 눈부신 발전과 이로 인한 다매체 다채널 시대는 지금까지의 일방적인 보도양식을 벗어날 수 있는 새로운 가능성을 연 것도 사실이다. 그러나 정보의 자유로운 유통이 곧바로 정보의 민주질서를 의미하는 것은 아니다. 오히려 정보의 과다한 유통으로 말미암아 독자들은 정작 자신에게 필요한 정보를 알지 못하게 될 가능성이 높다.

누군가 정보를 걸러줘야 함에도 전혀 그렇지 않은 채 방치됨으로써 발생하는 문제는 의외로 심각할 수 있다. 오히려 정보 홍수 속에 익사할 위험성이 높은 것이다. 이로 인해 사회구성원들은 일상생활에서 갈피를 잡을 수 없게 될 우려가 높으며, 그에 따라 정보를 통제하거나 조절하는 특정인이나 특정 조직에 대한 의존도가 커질 가능성은 더욱 높다. 이는 '정보화 시대의 총아'라 불리는 인터넷을 보더라도 명백하다.

『장미의 이름』을 쓴 움베르토 에코의 지적대로 "인터넷은 사람들에게서 좋은 정보와 쓰레기를 구별하는 능력을 빼앗아가고 있다"는 점을 상기해야 한다. 온갖 종류의 사람들이 정보를 쏟아붓는 인터넷의 미래는 혼란이라는 진단이다. 이는 그만큼 독자들의 판단 능력이 중요하다는 지적이기도 하다.

기실 정보가 홍수를 이룰수록 한 사회의 흐름을 파악하기 위해 꼭 알아야 할 정보를 얻는 정보의 선별 능력은 더 절실하게 된다. 따라서 인터넷 시대의 도래와 함께 신문이 쇠퇴하리라는 전망은 단견이다. 신문시장을 독과점하고 있는『조선일보』『중앙일보』『동아일보』

세 신문사가 모두 인터넷 사업에 정열적으로 뛰어든 모습은 시사적이다.

뉴미디어 시대를 맞아 신문의 활로는 신문에서 편집의 방향 제시 기능을 대폭 강화하는 데서 찾을 수 있다. 실제로 정보화 시대에 신문 편집은 독자들에게 분명한 방향 설정을 해줘야 한다는 과제를 요구받고 있다. 그러나 이 과제에서 독자는 방향을 제시받는 수동적 처지에 머물지 말고 적극적으로 방향을 제시하는 능동적 자세를 지녀야 한다. 독자들의 올바른 신문 읽기가 신문 편집 자체에 큰 영향을 끼치게 마련이다. 신문 바로 읽기는 신문이 조성하는 여론몰이에 맞서 인터넷을 통해 건강한 여론을 형성하기 위해서도 중요하다. 신문에 대한 비판적 읽기와 인터넷의 활용은 서로 모순되는 게 아니다. 대중매체 시대에 주체적인 삶을 살아가는 데 서로 도움을 준다.

신문을 읽을 때 지면을 편집의 관점에서 본다는 것은 궁극적으로 독자 자신이 스스로 편집자가 되어야 한다는 의미이다.

사실 편집기자란 '최후의 기자이자 최초의 독자'이다. 따라서 독자와 호흡을 함께해야 할 편집자로서 다른 신문들에도 끊임없이 관심을 기울이게 된다. 편집자들이 다른 신문을 보며 가장 관심을 갖는 부분은 자신의 가치판단과 다른 신문의 가치판단에 어떤 차이가 있으며 결국 누가 더 올바른 판단을 했는가이다. 한 지면에 어느 기사가 어떻게 머리기사나 중간머리기사로 편집되었는가에 먼저 관심을 갖게 된다. 아울러 그 기사의 표제를 어떻게 처리했는가를 자신의 표제와 비교해본다. 상대방의 편집 의도를 읽는 것이다.

편집자들의 이런 독법은 그대로 독자들의 독법에 응용될 수 있다. 독자들 스스로 자신이 편집자라는 생각으로 지면을 읽을 때 무엇보다 먼저 지면을 해체할 필요가 있다. 지면을 해체한다는 것은 신문 편집자들이 정리하여 놓은 편집의 틀을 독자들이 근본적으로 재구성해야 한다는 뜻이다. 일반적으로 신문 한 면에 들어가는 기사 꼭지 수는 한정되어 있다. 큰 사건이 발생했을 경우에는 불과 3, 4꼭지만 들어가기도 하지만, 평균적으로는 10개 안팎이 들어간다.

독자들은 그 10개 정도의 기사들을 지면에 편집되어 있는 위치에서 각각 해체하여 기사 그대로의 가치를 스스로 판별해야 한다. 편집자의 선입견에 사로잡히지 않기 위해서다.

지면을 해체한 뒤에는 이를 자신의 가치판단으로 다시 구성해야 한다. 바로 여기에 '혁명적 신문 읽기'의 요체가 있다. 고급 독자라면 마땅히 신문 지면을 해체하여 읽을 뿐만 아니라 재편집해서 볼 수 있어야 한다. 그렇다고 지면을 가위로 조각조각 내어 다시 붙여 읽으라는 뜻은 아니다. 실험적으로 한두 번 그렇게 하는 것은 유익한 일임에는 틀림없다.

자, 『중앙일보』 2001년 6월 13일자 1면을 놓고 그 구체적 작업을 해보자.

이날 1면에 실린 기사는 모두 5꼭지다. 이를 『중앙일보』의 편집 기준에 따라 나열하면 다음과 같다.

〈자료 90〉 중앙일보, 2001년 6월 13일자 1면

1. 항공대란 … 오늘은 병원 가세

2. 인공심장 체내 이식 세계 첫 성공

3. "북 도와주고 끌려다녀" 57%

　"대북·통일 정책은 지지" 58%

4. 가뭄 피해 심한 지역

　재해 수준 특별 지원

5. 김 대통령 단호 대처 지시

여기에 대한항공 파업 사진과 '김상택 만화 세상'이 들어가 있다. 가장 큰 뉴스는 민주노총 연대파업이다. 더구나 그 편집 보도 또한 늘 그랬듯이 노동쟁의가 노동자들의 기본권임을 무시하듯 노동자들에 적대적이다. 실제로 다른 두 기사와 큼직한 사진 그리고 만화세상까지 파업에 비판적인 분위기를 물씬 풍기고 있다.

이날 아침『중앙일보』의 1면을 본 독자들은 하루빨리 경찰이 투입돼 정상화가 필요하다는 느낌을 받지 않을 수 없을 터이다.『중앙일보』의 편집 의도가 무엇인지 쉽게 짐작할 수 있다. 저자의 말이 믿어지지 않는다면 실제로 같은 날 신문 1면을 넘겨 2면에 실린 사설을 보라. 제목부터 분명하다.「불법 파업엔 정부 강력 대응해야」이다.

나라 전체가 가뭄 걱정으로 뒤덮이면서 국민이 그토록 반대하고 간청했음에도 불구하고 민주노총은 어제 총파업을 강행했다. 대한항공 조종사 노조와 아시아나항공 노조가 사상 초유의 항공사 동시 파업에 돌입해 항공대란이 일어나는 등 1백25개 사업장에서 5만5천여 명이 연대파업에 들어갔다. 또 오늘은 서울대병원 등 전국보건의료산업 노동조합 소속 12개 병원이 파업에 들어가 '의료대란'도 시작된다.

우리는 그동안 시기적으로나 명분상으로 이번 파업은 잘못됐다고 누차 지적해왔다. 그제 노동관계 5개 부처 장관이 담화문에서 밝혔듯이

불법 파업엔 정부 강력 대응해야

나라 전체가 가뭄 걱정으로 뒤덮이면서 국민이 그토록 반대하고 간청했음에도 불구하고 민주노총은 어제 총파업을 강행했다. 대한항공 조종사 노조와 아시아나항공 노조가 사상 초유의 항공사 동시 파업에 돌입해 항공(航空)대란이 일어나는 등 1백25개 사업장에서 5만5천여명이 연대파업에 들어갔다. 또 오늘은 서울대병원 등 전국보건의료산업노동조합 소속 12개 병원이 파업에 들어가 '의료대란'도 시작된다.

우리는 그동안 시기적으로나 명분상으로 이번 파업이 잘못됐다고 누차 지적해 왔다. 그제 노동관계 5개 부처 장관이 담화문에서 밝혔듯이 지금은 "경제활력 회복을 통한 고용안정과 가뭄 극복을 위해 온 국민이 한데 힘을 모아야 할 때"라고 생각한다. 지난해 하반기에 시작된 불황이 이제 조금씩 진정돼 가고 있고 경제를 짓눌러왔던 현대건설 등 대규모 부실처리도 막바지 고비에 이르렀다. 국민경제가 선(善)순환에 들어가느냐, 악순환을 되풀이하느냐의 기로에 서 있는 지금 노조의 대규모 파업은 경제에 지극히 부정적인 영향을 미칠 게 분명하다.

게다가 온나라가 가뭄으로 타들어가고 있어 여론도 극히 좋지 않다. 노조의 생명은 무엇보다 국민의 지지인데도 민주노총은 이번 파업을 강행하면서 악화된 민심에 전혀 아랑곳하지 않아 더욱 걱정스럽다. 총파업을 주도하는 항공 및 병원 노조는 특히 실생활과 직결돼 있어 국민의 거센 항의를 촉발하고 있다. 항공의 경우 벌써 국제선은 대부분 결항됐고 국내선도 부분 운항에 승객들의 분노가 거세게 일고 있다 한다. 대한항공 조종사

노조는 외국인 조종사 채용 금지와 안전운항 보장에 대해선 절대 물러설 수 없다고 하지만, 우리는 이들 사안이 국민의 발을 묶고, 하루 매출 손실액 2백여억원과 맞먹을 정도로 크다고는 보지 않는다. 전체 무역액에서 항공화물 비중이 30%를 넘는 상황에서 항공대란은 수출부진을 가속화할 우려도 있다.

병원 노조의 파업도 지난해 의사들의 폐업으로 극심한 의료대란을 겪은 국민의 울분을 촉발할 소지가 크다. 요구사항도 임금 인상 외에 주 5일 근무제와 구조조정 저지, 산별교섭 법제화 등 기본적인 노동권과 연관된 사안이 많고, 일부는 노사정위원회에서 협의 중이거나 단위 병원에서 수용하기 어려운 것들이다.

물론 지금의 시국을 감안해 단체교섭에 성실하지 않은 사용자가 있을 것이고 경영자총협회 등 사용자들과의 기세싸움에서 밀리면 설 자리가 없다는 우려도 있을 수 있다. 그러나 따가운 국민 시선과 준대 고비에 직면해 있는 경제를 감안했다면 지금은 기세싸움을 위한 파업을 해선 안된다.

또 우리는 이처럼 상황이 악화된 데는 정부의 책임도 크다고 본다. 그동안 정부는 재벌과 금융개혁은 그렇게 강력히 밀어붙이면서도 노동개혁에 대해서는 항상 엉거주춤한 자세를 취해왔다. 정부는 이번 기회에 시장원칙에 위배되는 노조의 요구에 대해선 분명한 입장을 밝히고, 불법 파업은 법에 따라 엄중히 처리해야 한다. 특히 중앙노동위원회의 행정지도에 따르지 않은 대한항공 조종사 노조의 불법적인 파업엔 단호히 대처하기를 요구한다.

〈자료 91〉 중앙일보, 2001년 6월 13일자 사설

지금은 "경제활력 회복을 통한 고용안정과 가뭄 극복을 위해 온 국민이 한데 힘을 모아야 할 때"라고 생각한다.

지난해 하반기에 시작된 불황이 이제 조금씩 진정돼가고 있고 경제를 짓눌러왔던 현대건설 등 대규모 부실 처리도 막바지 고비에 이르렀다. 국민경제가 선순환에 들어가느냐, 악순환을 되풀이하느냐의 기로에 서 있는 지금 노조의 대규모 파업은 경제에 지극히 부정적인 영향을 미칠 게 분명하다.

게다가 온 나라가 가뭄으로 타들어가고 있어 여론도 극히 좋지 않다. 노조의 생명은 무엇보다 국민의 지지인데도 민주노총은 이번 파업을 강행하면서 악화된 민심에 전혀 아랑곳하지 않아 더욱 걱정스럽다.

총파업을 주도하는 항공 및 병원 노조는 특히 실생활과 직결돼 있어 국민의 거센 항의를 촉발하고 있다. 항공의 경우 벌써 국제선은 대부분 결항됐고 국내선도 부분 운항해 승객들의 분노가 거세게 일고 있다 한다.

대한항공 조종사 노조는 외국인 조종사 채용 금지와 안전운항 보장에 대해선 절대 물러설 수 없다고 하지만, 우리는 이들 사안이 국민의 발을 묶고, 하루 매출 손실액 200억여 원과 맞바꿀 정도로 크다고는 보지 않는다. 전체 무역액에서 항공화물 비중이 30%를 넘는 상황에서 항공대란은 수출 부진을 가속화할 우려도 있다.

병원 노조의 파업도 지난해 의사들의 폐업으로 극심한 의료대란을 겪은 국민의 울분을 촉발할 소지가 크다. 요구사항도 임금 인상 외에 주 5일 근무제와 구조조정 저지, 산별 교섭 법제화 등 기본적인 노동권과 연관된 사안이 많고, 일부는 노사정위원회에서 협의 중이라 단위 병원에서 수용하기 어려운 것들이다.

물론 지금의 시국을 감안해 단체교섭에 성실하지 않은 사용자가 있을 것이고 경영자총협회 등 사용자들과의 기세싸움에서 밀리면 설 자리가 없다는 우려도 있을 수 있다. 그러나 따가운 국민 시선과 중대 고비에 직면해 있는 경제를 감안했다면 지금은 기세싸움을 위한 파업을 해선 안 된다.

또 우리는 이처럼 상황이 악화된 데는 정부의 책임도 크다고 본다. 그동안 정부는 재벌과 금융개혁은 그렇게 강력하게 밀어붙이면서도 노동개혁에 대해서는 항상 엉거주춤한 자세를 취해왔다.

정부는 이번 기회에 시장원칙에 위배되는 노조의 요구에 대해선 분명한 입장을 밝히고, 불법 파업은 법에 따라 엄중히 처리해야 한다. 특히 중앙노동위원회의 행정지도에 따르지 않은 대한항공 조종사 노조의 불법적인 파업엔 단호히 대처하기를 요구한다.

독자들이 이날의 머리기사를 단순히 따라가며 읽지 말고 사설과의 유기적 연관 속에 비판적으로 읽을 이유가 여기에 있다.

이어 독자들은 2001년 6월 13일자로 편집된 이 지면을 남북정상회담 1돌의 흐름 속에서 짚어야 한다. 마침 지면에서 보듯이 중앙일보사는 정상회담 1돌을 맞아 독자적으로 여론조사까지 했다.

문제는 그럼에도 세번째 기사 크기로 편집했고 기사와 표제도 다분히 냉전적이라는 데 있다. 먼저 기사를 읽어보자.

우리 국민의 반수 이상이 정부의 대북 포용정책을 지지하면서도 남북 정상회담 이후 지난 1년간 정부가 대북 지원만 하고 북한에 끌려다녔다는 비판적 평가를 내리고 있다.

그럼에도 금강산 육로 관광이 가능해질 경우 관광에 나서겠다는 응답자가 71.2%나 돼 높은 관심을 보였다. 이 같은 사실은 본사 여론조사팀이 6·15 남북 공동선언 1주년을 맞아 11일 전국의 20세 이상 성인 1천8명을 대상으로 실시한 전화 조사에서 밝혀졌다. 〈관련기사 5면〉

이 조사에서 정부의 대북·통일 정책에 대해 '지지한다'(58.2%)는 여론이 '지지하지 않는다'(41.2%)보다 높았으나 지난해 8월 15일 조사(81.8%)에 비해서는 크게 줄었다.

지난 1년간 남북관계의 평가와 관련해서는 응답자의 57.0%가 '지원만 하면서 북한에 끌려다녔다'고 답변, '교류·협력에 상당한 진전'(22.6%)이 있다거나 '과거 수준과 비슷'(20.1%)하다는 반응을 크게 앞질러 상당수 국민이 대북정책의 실행 과정에 문제가 있다고 느끼는 것으로 확인됐다.

김대중정부의 햇볕정책이 북한의 대남 태도 및 북한 내부의 변화를 유도하는 데 효과적이었느냐는 질문에 부정적 응답(각각 54.8%, 58.3%)이 반수를 넘은 것도 비슷한 분위기를 보여주었다.

이러한 평가는 김정일 국방위원장의 서울 답방 가능성에 대한 응답에도 이어졌다. 김 위원장의 연내 답방에 대해 '가능하다'는 응답자는 47.0%에 그쳐 지난해 조사 때(82.4%)의 절반밖에 되지 않았다. 한편 최근 남북관계 교착 상태의 원인이 미국 부시 행정부의 대북 강경책 때문이라는 견해에 동의하는 응답자가 66.5%나 돼 눈길을 끌었다.

바로 여기서 신문 지면을 해체하여 읽는 슬기가 필요하다. 여론조사는 여러 가지 설문을 구성해놓고 벌이게 마련이다. 여론조사의 상대인 국민에게 어떤 것이 더 중요한 문항인지는 설문지에 나타나 있지 않다. 많은 설문 결과를 놓고 그 가운데 취재기자와 그 신문사가 가장 중요하다고 생각하는 항목을 중심으로 기사를 쓰고 신문을 편집하게 된다. 따라서 진정한 여론조사 결과를 보려면 취재기자와 편집기자의 가치판단 이전에 실제로 있었던 여론조사를 들여다보아야 한다. 이때 주목되는 것이 '관련기사 5면'이라는 안내문이다.

아무런 망설임 없이 관련기사가 있는 5면을 펼쳐들고 꼼꼼히 읽을 필요가 있다. 수고스럽더라도 5면 기사 전문을 읽어보자.

중앙일보가 6·15 남북 공동선언 1주년을 앞두고 실시한 여론조사 결과는 정부의 햇볕정책에 대한 국민의 시각이 냉랭하다는 것을 보여주었다. 이번 조사는 대북정책, 남북관계 현안, 김정일 국방위원장의 서울 답방, 그리고 북미관계 등에 집중됐다.

◆김정일 위원장 서울 답방=김 위원장의 서울 연내 답방 가능성을 묻는 질문에 '가능하지 않다'는 의견은 51.6%였다. 50대 이상의 연령층에선 57.0%인 데 비해 20대에선 43.7%(30대 53.7%, 40대 51.1%)로 세대에 따라 큰 시각차를 보였다.

우리 국민은 김 위원장의 서울 답방을 어렵게 만드는 걸림돌로 '미국의 대북정책'(32.4%), '북한의 대남선물 요구'(30.0%), '북한의 불성실한 자세'(25.3%) 등을 꼽았으며, 일부 정치세력의 답방 반대 분위기에

〈자료 92〉 중앙일보 2001년 6월 13일자 5면

도 불구하고 '남한의 반대 여론'(8.9%)을 주요인으로 보지는 않는 것으
로 나타났다.

한편 2차 남북 정상회담에서 다뤄져야 할 현안으로는 '교류 협
력 확대 방안'(56.0%)을 최우선으로 꼽았으며 다음은 '남북통일 방
안'(17.4%)과 '평화 증진 방안'(15.8%) 등의 순이었다. 정부 당국이 추
진하는 '정상회담 정례화 방안'(8.6%)이 '남북통일 방안'의 절반밖에 안
되는 것은 의외의 결과로 볼 수 있다.

◆남북관계 현안=이번 조사에서는 북한 상선의 북방한계선NLL 침
범 사건, 대북 경제지원, 그리고 당국대화시 우선 과제 등의 최근 현안
에 대해서도 물었다.

북한 상선의 NLL 침범과 관련, 우리 국민은 '우선 나포한 후 협

상'(45.2%)보다는 '신중한 대응 불가피'(52.7%)에 손을 들어주었으나 앞으로 다시 침범하면 '강경한 대응'(81.1%)에 나서야 한다고 주문했다. '온건한 대응'은 17.9%에 그쳤다. NLL 침범에 대해 '신중한 대응이 불가피했다'는 답변은 여성(56.0%)과 20대(56.8%)에서 많았고 '우선 나포한 후 협상'은 남성(48.7%)과 50대 이상(48.0%)에서 상대적으로 많았다.

북한에 대한 비료·식량·전력 지원에 대해 과반수(56.4%)가 '반드시 국회 동의를 얻어 지원해야 한다'고 답변하고 '정부 당국이 결정해 지원에 나서야 한다'는 대답도 19.2%를 차지해 국민의 4분의 3이 대북 지원에 긍정적인 것으로 나타났다('지원하지 말아야 한다'는 23.4%).

앞으로 남북간 당국회담이 재개될 경우 우선적으로 다뤄야 할 과제로는 '이산가족 상봉 재추진'(44.1%)이 가장 많았으며 '군사직통전화 개설 등 평화 정착 방안'(25.9%)이 그 뒤를 이었다. 이에 비해 '경의선·개성 공단 등 본격 착수'(14.5%), '김 위원장 답방 합의'(13.8%) 등은 뒤로 밀렸다.

◆북미관계=최근 남북관계에서 미국의 영향력이 급격히 커지는 가운데 지난 7일 부시 대통령은 북미 대화 재개를 선언했다. 그는 대화 재개와 관련, 북한의 핵미사일 및 재래식 군사력 위협 문제에 관한 협의가 필요하다고 밝혔다.

우리 국민은 미국의 대북정책과 남북관계 개선의 상관관계를 묻는 질문에 대해 '도움이 될 것'(49.1%)과 '도움이 되지 않을 것'(47.6%)이란 답변이 엇비슷했다.

현재 남북관계가 교착 국면에 빠진 원인이 부시 행정부의 대북 강경책 때문이라고 보는 사람(66.6%)이 많은 가운데, 특히 20대(73.6%)와 30대(73.3%), 대학 재학 이상(70.5%)에서 이 같은 견해의 비율이 높아 젊은층이 상대적으로 미국의 대북정책에 대한 반감이 크다는 것을 보여주었다.

앞으로 북미관계가 진척되면 남북관계가 '가까워진다'고 보는 의견이 58.6%로 비교적 많았으나 '멀어진다'는 의견도 34.4%로 적지 않았다.

◆통일정책 일반=정부의 대북·통일정책에 대한 지지응답자 (58.2%) 가운데 화이트칼라(55.8%)와 고연령층이 상대적으로 낮은 지지율을 보였으며(50대 이상 54.9%, 40대 56.7%, 0대 59.2%, 20대 61.8%), 블루칼라(70.3%) 및 농·임·어업 종사자(71.6%)와 대학 재학 이상(61.8%) 층이 높은 지지율을 보였다.

지난 1년간 남북관계 평가에서 '북한에 지원만 하면서 끌려다녔다'(57.0%)는 의견 내의 분포도를 보면 40대와 50대 이상의 고연령층이 높았으며(각각 68.0%, 66.1%), 지역적으로는 대구·경북과 부산·경남 지역이 높았다(각각 72.3%, 64.6%).

한편 통일이 반드시 이뤄져야 한다는 의견은 고연령층일수록 상대적으로 높았으며(20대 59.0%, 30대 66.3%, 40대 69.1%, 50대 이상 76.9%), 학력별 분포를 보면 중졸 이하(80.6%)는 높고 고졸층(60.7%)

에서 낮았다.

이번 조사의 최대 허용 오차는 95% 신뢰 수준에서 3.1%포인트이다.

여기서 독자들께 묻고 싶다. 만일 독자가 『중앙일보』의 취재기자라면 예시된 여론조사 결과에서 무엇을 가장 중요하게 여겨서 기사화할 것인가. 다음 글을 계속 읽어가기 전에 한번 다시 읽어보고 생각해보기 바란다.

저자는 『중앙일보』의 5면 기사를 읽을 때 눈에 띈 대목이 두 군데 있었다. 두 대목 모두 『중앙일보』의 취재기자가 중요하게 파악하지 않은 대목이다.

현재 남북관계가 교착 국면에 빠진 원인이 부시 행정부의 대북 강경책 때문이라고 보는 사람(66.6%)이 많은 가운데, 특히 20대(73.6%)와 30대(73.3%), 대학 재학 이상(70.5%)에서 이 같은 견해의 비율이 높아 젊은층이 상대적으로 미국의 대북정책에 대한 반감이 크다는 것을 보여주었다.

우리 국민은 김 위원장의 서울 답방을 어렵게 만드는 걸림돌로 '미국의 대북정책'(32.4%), '북한의 대남선물 요구'(30.0%), '북한의 불성실한 자세'(25.3%) 등을 꼽았으며, 일부 정치세력의 답방 반대 분위기에도 불구하고 '남한의 반대여론'(8.9%)을 주요인으로 보지는 않는 것으로 나타났다.

두 문항의 조사 결과는 『중앙일보』의 1면과 5면의 편집된 지면 분위기와 사뭇 다르다. 이는 남북정상회담 뒤 1년 동안 대다수 신문들이 집요하게 흠집내기를 일삼아왔음에도 우리 국민들의 의식 수준이 현실의 문제점을 정확히 파악하고 있음을 여실히 보여주고 있다.

그러나 『중앙일보』는 취재기자는 물론이고 편집기자도 이 여론조사 결과를 주목하지 않았다. 다만 5면에 작은 2단 제목으로 「"남북관계 교착 부시 탓" 66%」가 있을 뿐이다.

이 여론조사를 만일 남북관계에 탈냉전적인 신문사가 보도했다고 가상해보자. 5면 2단 제목이 1면 머리기사 표제로 큼직하게 갈 수 있다. 기사 또한 그에 맞춰 작성될 수 있을 것이다. 아울러 해설기사에서는 '냉전적인 언론들이 지난 1년 동안 남북화해에 딴죽을 걸어왔지만 남북관계를 바라보는 우리 국민의 인식 수준은 크게 흔들리고 있지 않다'는 것을 강조할 수 있지 않을까.

그 신문 지면을 독자들이 상상해본다면 독자가 주체적으로 나서서 신문 편집을 해체하여 읽을 이유가 무엇인지 쉽게 깨달을 수 있으리라고 믿는다. 그 이후 미국 조지 부시 정부가 집권한 8년 내내 남북 관계가 진전되지 못했고, 부시가 퇴임할 때 한국에는 남북 화해정책에 부정적인 이명박-박근혜정권이 들어서며 다시 적대적 관계로 돌아섰기에 더 그렇다.

편집을 해체한 뒤 재편집하여 읽으라는 말에 상당히 부담을 느끼는 독자들이 있을지도 모르겠다. 그러나 따져보자. 50여 면이 넘는 신문 지면을 1면 머리기사부터 맨 뒷면 하단의 1단 기사까지 하나도 빠짐없이 읽는 독자가 과연 있을까. 어차피 독자들은 신문기사들을 골라 읽는다. 바로 그 골라서 취사선택하는 것, 그것이 다름 아닌 독자들의 편집 행위이다.

다만 그것을 기존의 신문 편집 체제 속에서 편집자가 편집한 표제와 단段에 따라 읽지는 말라는 것이다. 독자 자신이 주체적으로 시시비비를 가리며 읽어야 한다. 독자 개개인의 입장에서 신문을 재편집할 때 지면 읽기란 신문 편집자와 한 판 장기를 두는 것과 같다. 상대방이 둔 수를 보며 그 의중을 읽어야하기 때문이다.

편집을 해체해 읽는 '혁명적 신문 읽기'의 또 다른 전략은 다른 신문과 비교해서 보기다. 우리가 살아가는 세상을 정확히 읽기 위해서는 적어도 신문의 성격이 확연하게 다른 두 신문을 동시 구독하는 것이 바람직하다. 구독료가 부담되거나, 아직 학생이라면 신문사들의 인터넷 사이트에 들어가 '지면보기'를 클릭해서 볼 수도 있다.

그럼 20대 국회의원을 뽑는 선거일인 2016년 4월 13일 아침에 배달된 신문 1면을 비교해보자. 〈자료 93〉는 『조선일보』 1면이다. 「드디어 왔다. 심판의 날」을 주표제로 한 이 신문은 다음과 같이 3당의 주장을 부제로 편집했다. "새누리 "발목잡는 野 심판"… 더민주 "경제失政 심판"… 국민의당 "두 黨에 속지말라""

〈자료 93〉 조선일보, 2016년 4월 13일자 A01면

기사의 첫머리를 보자. "20대 총선이 13일 실시된다. 앞으로 4년
간 민의를 반영하고 입법부에서 국사를 다룰 국회의원 300명이 결
정된다. 이번 선거는 박근혜정권 후반기 국정 운영과도 직결된다"고
썼다. 이어 "각 당은 자체 분석을 통한 예상 의석수를 밝혔다. 새누리
당 145석, 더민주 100석, 국민의당 35석이었다"며 각 당 대표가 유
권자에게 보내는 호소를 담았다. 기사는 바로 다음에 "이번 총선에서
는 각 당 모두 정책과 비전을 보여주지 못했다"며 "공약에서도 큰 차
이를 드러내지 못했다. 반면 여야 모두 공천 파동과 분당分黨 사태 등

으로 유권자들에게 실망을 안겨주면서 시작됐다. 이 때문에 투표율이 4년 전 총선(54.2%)을 넘어설지도 주목된다"고 보도했다. "박근혜 정부의 집권 4~5년차 운명도 이번 총선에 달려 있다. 과반수 의석을 확보하지 못할 경우 박근혜정부의 각종 정책은 더 이상 추진하기 어렵고 레임덕 현상이 시작될 수 있다"는 우려도 잊지 않았다.

얼핏 보면 중립적으로 보이는 편집이다. 하지만 문제의 1면 머리기사 바로 옆에 부각해 편집된 제목을 눈여겨볼 필요가 있다.

> 朴대통령 "민생·경제 매진할
>
> 새로운 國會 탄생해야 한다"

"野 '최악의 선거개입' 반발"은 부제로 작게 편집되어 있다. 기사의 머리 또한 다음과 같이 노골적이다.

> 박근혜 대통령은 20대 총선을 하루 앞둔 12일 국무회의에서 "우리는 지금 한 걸음 더 나아가느냐, 이대로 주저앉느냐 하는 중차대한 갈림길에 서 있다"면서 "여기서 무너지지 않기 위해서 민생 안정과 경제활성화에 매진하는 새로운 국회가 탄생해야만 한다"고 말했다. 그러면서 "나라의 운명은 국민이 정한다는 마음으로 빠짐없이 소중한 한 표를 행사해 달라"고 했다.
>
> 박 대통령은 경제활성화 관련 입법이 지연 또는 불발된 사례를 일일

이 언급하며 "시기를 놓쳐 잃어버린 손실과 시간에 대해 가슴이 아팠다"고 했다. 그는 "최근 중국 기업 직원 6000명이 인천에서 치맥 파티를 했는데 실은 호텔방이 부족해 인원을 대폭 축소했다고 한다"며 "관광진흥법이 제때 통과됐더라면 이런 일은 없었을 것"이라고도 했다. 아울러 박 대통령은 "저는 막중한 책임감으로 마음과 몸이 무겁고 잠을 이루지 못하는 날이 점점 많아졌다"면서 "'민심이 곧 천심'이라는 국회가 20대에서 성숙되고 변화된 모습으로 발전하길 기대한다"고 했다.

물론, 야당의 비판도 기사 끝에 담았다. 하지만 표제 편집도 그렇고 기사의 양적 차이도 크다.

이에 대해 야당은 "선거에서 여당 후보를 찍으라는 대국민 협박"이라며 반발했다. 더민주 김성수 대변인은 서면 브리핑에서 "대통령은 여기서 국가 안보·경제가 무너지면 그 결과는 고스란히 우리 국민이 져야 한다고 했는데 그동안 가계 살림, 나라 살림 거덜낸 정권 책임자가 과연 누구인가"라면서 "어느 민주 정부에서도 볼 수 없었던 최악의 선거 개입"이라고도 했다.

국민의당도 김희경 대변인 서면 브리핑을 통해 "대통령이 총선을 하루 앞둔 오늘 국무회의에서 당면한 경제 위기의 모든 책임이 국회에 있는 것처럼 호도한 것은 유감"이라며 "대통령이 국정 운영의 최고 책임자로서 민생 경제를 망친 책임이 가장 크다는 사실 또한 국민이 평가할

〈자료 94〉 경향신문, 2016년 4월 13일자 1면

것"이라고 했다.

　　그런데 정말 『조선일보』 1면 머리기사가 보도했듯이 정당 사이에
아무런 정책 차이가 없을까. 같은 날 『경향신문』을 보면 그렇지 않다
는 사실을 알 수 있다.(〈자료 94〉, 〈자료 96〉)

〈자료 95〉 경향신문, 2016년 4월 13일자 2면

　　『경향신문』은 〈자료94〉처럼 「내일 아침, 어떤 신문을 받아보시겠
습니까?」 표제 아래 '20대 총선 4가지 시나리오'를 비교해볼 수 있게
편집했다. 독자들의 판단을 돕기 위한 편집은 〈자료 95〉처럼 바로 다
음 지면인 2면에 이어진다. 정책 차이를 한눈에 볼 수 있게 도표로
제시한 편집이 돋보인다. 「오늘 총선 한눈에 보는 여야 10대 공약/일

자리 늘리겠다는데 방법이 뭐죠…공약 꼼꼼히 따져보세요」 표제를 넣은 2면은 정당 사이에 아무런 차이가 없다는『조선일보』1면 보도가 얼마나 사실과 다른 보도인가를 입증해준다. 물론,『조선일보』가 왜 그런 보도를 하고, 박근혜 대통령의 주장을 바로 옆에 편집했는지는 독자들이 판단 또는 '심판'할 문제다.

선거 결과는『조선일보』의 전망을 비켜갔다. 투표율도 58%로 높았고, 여당인 새누리당의 참패와 더불어민주당, 국민의당 등 야권의 압승으로 나타났다.

조금 더 경제적 여유가 있는 독자라면 언론비평 전문지들을 구입하여 볼 수도 있다. 현재 전국언론노동조합은 일반인을 대상으로『미디어오늘』이라는 주간신문을 발행하고 있다.

『신문 읽기의 혁명』초판이 발행된 1997년 이후 신문 바로보기는 단지 독자 개개인의 수준을 벗어나 전국 곳곳에서 힘을 모아가고 있다. 신문 바로보기는 곧 그 신문으로부터 세뇌되어온 자신을 바라보는 운동이기도 하다.

신문 지면을 편집자적 안목으로 읽어내는 독자가 신문 구독자의 다수가 될 때면 신문 편집은 결국 변할 수밖에 없다.

사실 독자는 신문이 살아 있는 생물로서 존재하는 원천적인 대지다. 어떤 신문 지면도 독자가 없다면 무의미한 낙서 뭉치에 지나지 않는다. 신문이 오늘 우리 사회에서 누구도 건드릴 수 없는 성역으로 '권력 기관'처럼 군림한다고 해도 궁극적으로 독자들이 외면한다면

〈자료 96〉 미디어오늘, 2016년 11월 9일자

햇빛을 잃고 시들 수밖에 없다.

독자 한 사람 한 사람은 '언론기관'이라는 골리앗 앞에서 대단히 무기력한 존재다. 그러나 독자 한 사람 한 사람이 모두 신문을 올바르게 읽어 나간다면 독자들은 골리앗을 쓰러뜨린 다윗이 될 수 있다. 신문을 볼 때 편집을 읽어야 한다는 이 책의 주제도 결국 다윗이 골리앗에게 던졌던 돌멩이를 독자들에게 전해주기 위해서였다.

우리는 셋째마당에서 실질적 피라미드 구조(〈그림 3〉)의 문제점을

〈그림 4〉 **신문과 독자의 역피라미드 구조**

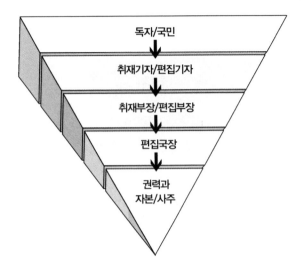

살펴본 바 있다. 그것이 〈그림 4〉와 같은 역피라미드 구조로 바뀌는 것은 진정 불가능한가?

그러나 이는 결코 환상 속의 바람이 아니다. 독자들이 고급 독법으로 신문사 편집국을 압박하고 편집국에서 편집국장 기자 직선제를 쟁취해낸다면 얼마든지 가능하다. 사실 양적으로만 보더라도 사주와 그 동맹자들은 〈그림 5〉와 같이 포위되어 있다. 물론 우리 언론 현실이 〈그림 6〉처럼 편집에 철저히 갇혀 있다는 사실을 한시라도 잊어서는 안 된다.

신문 편집이 살아 있다는 것은 바로 이런 의미에서다. 깨어 있는

〈그림 5〉 **바람직한 언론 모형**　　　〈그림 6〉 **오늘의 언론 현실**

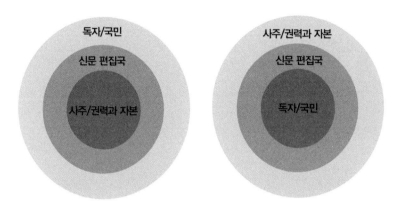

독자라면 편집된 신문 지면을 죽은 기사로 읽지 않고 살아 있는 편집
으로 봐야 한다. 신문 편집자가 왜곡된 편집 구조 속에서 왜곡된 편
집을 하더라도 독자 자신이 지면을 재편집하여 읽을 수 있다면 언젠
가 신문 편집자도 독자들을 따라오게 마련이다. 그것이 언론주권을
제대로 지키는 지름길이다.

 닫는글

더러운 창을 깨자!

　이 책이 제안하는 신문 바로보기의 열쇠는 '편집'에 있다. 편집을 읽지 못하고 지면에 실린 기사를 보는 것은 나무만 보고 숲을 보지 못하는 이치와 같다.

　신문 편집의 세계를 네 마당에 걸쳐 단계적으로 파헤쳐보았지만 이를 한마디로 줄인다면 다음과 같다. 편집은 창窓이다. 그것이 '닫힌 창'인지 '열린 창'인지는 단답형으로 답할 문제는 아닐 듯싶다. 분명한 것은 그 창을 통해 세계를 인식하게 된다는 점이다. 우리는 이 책에서 그 창에 얼마나 많은 먼지가 켜켜이 쌓여 있는가를 살펴보았다. 그 더러운 창을 통해 세상을 바라볼 때 세상이 있는 그대로 나타나지 않을 것은 뻔한 일 아닌가.

　그래서일까. 이미 20세기 초, 로맹 롤랑Romain Rolland은 "오늘날의 신문은 거짓말의 소굴"이라고 고발했다. "독자의 십중팔구까지 거짓

말에 말려들 가능성이 높다"는 경고다. 21세기인 오늘 로망 롤랑의 말은 더욱 살갗에 와 닿는다. 문제의 심각성은 그럼에도 신문들이 언제나 객관성과 사실성을 내세우고 있다는 것이다. 만일 독자들이 신문을 편집적 안목 없이 읽는다면 독자들은 그 '거짓말'에 속게 마련이다. 삶은 자신도 모르는 사이에 거짓말을 대량으로 양산하는 '보이지 않는 권력'에 철저히 예속될 수밖에 없다.

신문 편집이라는 창을 통해 세상을 바라보는 독자들에게 잘못된 창은 '감옥'일 수밖에 없는 까닭도 여기에 있다.

이제 정말이지 그 감옥으로부터 탈출해야 한다. 독자를 가두는 그 더러운 창문을 깨부수고, 잠긴 문을 활짝 열어 젖혀야 한다. 잠김의 원리는 곧 열림의 원리이기도 하다. 닫힌 편집의 자물쇠는 그 원리와 구조를 꿰뚫어보는 독자에게는 열림의 열쇠가 된다.

가령 편집이 독자들을 가두고 있지만 거꾸로 그 편집을 통해 신문을 들여다보면 그 신문의 의도를 읽을 수 있다. 바로 이때 편집은 닫힌 창에서 열린 창으로 전환된다. 신문을 볼 때 지면에 인쇄된 기존 편집을 철저히 해체하여 다시 편집해 읽는 '혁명'이 필요하다. 때로는 신문을 뒤집어 읽거나 거꾸로 읽을 수도 있어야 한다. 평면의 기사 뒤에 깔려 있는 편집의 입체 세계를 읽을 수 있는 바로 그만큼 신문이 보이게 된다는 것은 이를 의미한다. 이는 사실상 수준 높은 매체 비평이기도 하다. 언론 비평은 결코 '상아탑'의 언론학자들만이 할 수 있는 게 아니다. 이 책에서 밝힌 편집의 원리를 충분히 인식한 독자라면 이를 응용하여 얼마든지 손색없는 매체 비평이 가능하다. 자료는 풍부하다. 매일매일 천편일률적인 1000만 부 이상의 신문이 쏟아지고 있지 않은가.

"신문은 결코 독자를 능가할 수 없다"는 말이 있다. 물이 원천보다 높이 올라갈 수 없다는 비유도 잇따른다. 한 나라 한 시대의 언론 수준이 그 나라 그 시대의 독자 수준이자 국민 수준을 반영한 것이라는 이 말은 신문의 왜곡 편집을 독자들의 책임으로 돌리자는 데 뜻이 있지 않다. 오히려 독자인 국민들이 적극 나서서 신문을 올바르게 만들어내야 한다는 의미를 담고 있다. 독자들 한 사람 한 사람이 신문 편집자가 되어 신문을 읽을 때 비로소 신문 편집이 바로 설 수 있다.

우리 겨레 구성원들의 정신을 살찌워줄 진정한 민족지, 21세기를 담아내고 이끌어갈 세계적 권위지를 우리 독자들도 하나쯤 가져야 한다. 아니, 마땅히 가질 권리가 있다. 그 권리의식이 싹트는 순간, 바로 그곳에 신문 읽기의 '혁명'이 있다.

285